소
명

소 명

The Royal Summons

2판 1쇄 펴낸 날 2025년 5월 21일
1판 3쇄 펴낸날 2012년 3월 1일(한글)
1판 2쇄 펴낸날 2009년 4월 25일(한글)
1판 1쇄 펴낸날 2004년 10월 25일(한글)

지은이 박순성 · 이실태

펴낸이 김종관
북디자인 함명희
펴낸 곳 도서출판 에벤에셀
등록번호 제2-1587호
등록일자 1993년 7월 15일
주소 서울특별시 중구 필동로8길 65
전화 (02) 2273-8384, 팩시밀리 (02) 2273-1713
이메일 ebenbooks@hanmail.net
홈페이지 www.ebenbooks.com

Copyright©박순성 · 이실태, 2025, printed in Korea
ISBN 978-89-6094-150-2 03230

이실태 C. P 010-5442-6903

값 13,000원

이 책은 저작권법에 따라 보호받는 저작물이므로 무단 전재와 복제를 금합니다.
지은이와의 협의로 인지는 생략하며, 잘못된 책은 교환해 드립니다.
본서는 전자출판진흥사업에서 제공된 Kopub world체를 사용하였습니다.

소 명

The Royal Summons

박순성 · 이실태 공저

씨 뿌리는 사람 (빈센트 빌럼 반 고흐 作 네덜란드, 1890)

낙엽이 붉은 날

소망목장 사역 20년에 즈음하여

부끄러운 글을 묶으면서…….

이 글을 읽는 분들에게 이해를 널리 구할 것은 지나간 세월 속에 떨어진 낙엽을 줍는 것 같음을 이해하여 주시기를 바란다.

우리(아내와 본인)는 아무런 바람없이 보내신 분의 뜻을 좇아서 나름대로 자리를 지키고 내 그릇만큼의 삶을 산 것뿐임을 고백한다.

어설픈 자랑도 아니고 위선도 아니고 그저, 한 발자국씩 그분 손에 이끌려 왔음을 고백한다.

어느 때, 사람들이 '그렇게도 살았구나?'로 이해해 주시길 바란다.

성지순례 중, 소아시아 일곱 교회를 돌아보면서 동네 아이들의 놀이터로 변해버린 모습을 눈으로 볼 적에 참담했던 가슴을 가눌 길 없었다.

언젠가는 그렇게 사라질 이 세상의 유형에 너무 집착하는 오늘의 시점에서 천국을 바라보는 깨어 있는 우리 모두의 삶이기를 바라고 싶다.

바라기는, 그분의 인도하심이 있는 날까지 묵묵히 남은 길을 가고 싶은 소망이 있을 뿐이다.

가을 낙엽을 밟으면서
박순성 · 이실태 드림

차례

낙엽이 붉은 날

콩밭에 세운 십자가十字架　　박순성　9

주님 날 부르시면　　이실태　83

추풍령 뻐꾸기는 울고 있겠지　　이실태　127
- 아내에게 띄우는 편지

콩밭에 세운 십자가 十字架

박순성

1997년 크리스챤신문 신인문예상(목회수기) 당선작으로
1997년 7월 14일 (지령 제1755호), (지령 제1756호),
(지령 제1757호), (지령 제1758호)에 게재되었던 작품.

이 글은 박순성의 교회개척에 관한 논픽션Nonficion
내용임을 밝힙니다.

그레빌의 교회 (장 프랑수아 밀레 作, 프랑스 1871-1874)

콩밭에 세운 십자가 十字架

개척교회 전도사 졸업
1972. 2.

밤 깊도록 동산 안에 주와 함께 있으려 하나
괴론 세상에 할 일 많아서 날 가라 명하신다.
주가 나와 동행을 하면서 나를 친구 삼으셨네
우리 서로 받은 그 기쁨은 알 사람이 없도다.

마룻바닥이 꺼져라 뛰며 뜨거운 헌신을 다짐하던 날은 아직도 양지 한 켠에 진달래가 움츠리고 있던 이른 3월이었다.

골짜기 낙엽더미에 주저앉아 지새는 밤은 완전 무장 후에 출전하는 용사勇士보다 힘이 넘쳤다.

지난 해부터 신학교 교과과정이 바뀌어 3년간은 교내校內에서 학업을 위주로 하고, 4학년 1년은 어디를 가서든지 반드시 교회를 개척하는 실천신학 실습을 하여 흙집이든 벽돌집이든 예배당 간판을 달아야 졸업장을 받도록 되었다.

교회개척에 대한 준수 규정은 반드시 교회가 없는 곳에 가서 일하도록 했다.

나보다 일 년 먼저 신학을 한 언니는 저 지리산 피아골 외진 마을에 가서 지난 해 벌써 예배당을 세우고, 이름 없이 빛 없이 묵묵히 전도자의 길을 가고 있는 것이다.

다들 함께 공부했던 친구들은 제각기 연고지를 찾

아 짐을 꾸리고 나선다. 하지만 나는 막막했다.

공부하는 3년간 친언니와 함께 기숙사 생활을 했고, 궂은 일은 언니가 다 맡아 해 주었는데 이젠 발등에 불이 떨어진 것이다.

도저히 교회개척의 용기가 나지 않아 마냥 울다가, 굶다가 뜬 눈으로 밤을 지새우기 여러 날, 밤마다 가랑잎을 깔고 앉아 그저 부르짖는 게 전부였다.

'누가 내 숙제를 풀어준단 말인가?'

친구들은 다 교회개척을 하러 떠나갔고 혼자 남아 패배감에 휩싸여 지쳐가고 있었다.

'차라리 학교고 뭐고 때려치울까 …….

그래, 예배당은 세운다 치고 날마다 예배를 어떻게 인도한단 말인가!' 절망, 또 절망, 나 자신이 이토록 못난 것을 이제야 알 것 같았다.

'동기생들은 나가서 예배당 터를 닦는다, 건축 자재를 실어 나른다, 누가 후원을 해 준다는 둥 매일 학교로 기쁜 소식을 보내오는데 나는 왜 이런가……'

예배당은 흙만 파서 짓는 것이 아니다. 학교에서는 건축비로 12만 원을 지원한다는 공식적인 태도밖에 없다.

사고무친 야곱처럼 들판에 내동댕이쳐진 내 모습은 서리 맞은 고춧대처럼 주저앉는다.

한 언니가 개척 현장에 나갔다 오더니 더 나은 조건의 시골이 있다고 다른 곳으로 간다기에 나는 그곳으로 무조건 보따리를 쌌다.

충북 중원군, 전형적인 농촌이다.

아는 사람 하나 없어 이장 집을 찾아 동네에서 방을 얻고자 사정했더니, 들 건너 '미락'마을의 과부로, 늦게 낳은 아들과 사는 노인 댁을 안내해 주었다.

보따리를 놓고 망연자실 무엇을 할 것인가? 어리병병한 가운데 정신을 차리곤 우선 동네 사람들을 찾아가 인사라도 해야겠다 싶어 집집마다 개들의 문전박대 속에 인사를 다녔다.

이장 댁에 가서는 앞으로 이 마을에 예배당을 세우겠다고 했더니 그저 덤덤하게 쳐다만 볼 뿐 대꾸가 없다.

개척교회 전도사 시절

다행히 동네 가운데 새마을회관이 열 평쯤 되는데, 그게 사용 안 한 지가 오래 되어 버려져 있기에 이장 댁에 가서 별 소릴 다해 가며 간신히 사용허락을 받아냈다.

조용한 동네에 갑자기 웬 처녀가 나타나서 이 집 저 집 다니게 되니까 제일 먼저 총각들 눈에 띄고, 동네는 삽시간에 내 존재로 인해서 말들이 많아졌다.

"저 처녀가 시골에 와서 무얼 한다고?"

사람들은 호기심 어린 눈길로 나의 일거수일투족을 주시하고 있었다.

나는 동네 사람들이 들에 나가면 동네에 남아있는 아이들을 모아놓고 노래를 가르치고, 율동을 함께 하고, 그 멋진 창세기 출애굽기를 시리즈로 읊어대고, 아이들은 생전 처음 듣는 이야기에 눈망울이 말똥말똥 했고, 날이면 날마다 북새통을 이루며 모여들기 시작했다.

그러나 날은 가는데 어디다가 예배당을 짓는단 말인가!

어머니가 보내주는 생활비는 한 푼도 쓸 수가 없었다.

'벽돌 한 장이라도 더 사야지……'

어느 날, 건너 마을에서 야단이 났다. 스무 살쯤 되는 멀쩡한 청년이 갑자기 정신없는 행동을 하고 다니는 것이다.

 그러자 그 청년의 어머니는 굿을 하는 둥 별짓 다 해 보았지만 신통치가 않자, 아직 아무런 교회 시설도 없는 나에게 아들을 데려왔다.

 어머니의 간구를 거절할 수 없기도 했지만, 불쌍한 청년을 위해 간절히 기도를 할 수밖에 다른 도리가 없었다.

 어쨌든 그 어머니는 나의 기도 소리에 감동을 받았는지 자기 아들이 낫게만 된다면, 철길 옆에 있는 콩밭을 예배당 부지로 내놓겠노라고 약속을 했다.

 '알고 보니 이미 하나님께 바치기로 했던 것이었지만······.'

 낮에는 동네 아이들을 회관에 모아놓고 탁아소처럼 떠들다가는 저녁이 되면, 하나 둘 모이기 시작하는 중·고등학생들, 청년들을 설득해서 동네 앞에 흐르는 작은 시내에서 불을 밝히고 모래를 긁어 모으고 자갈을 줍곤 한다.

기찻길 옆 저 푸른 콩밭에 언제 주의 전을 세운단 말인가!

나는 꿈도 야무지게 먼저 건축을 꿈꾼다.

미락 마을과 능말 사이 중간지점.

꼬불꼬불 논둑길을 따라 돌아서야 닿는 외딴 섬처럼 둘러싸인 곳.

이웃 마을 Y목사님이 처음엔 낯선 전도자의 모습을 보고 수고한다고 위로하더니, 막상 건축 이야기가 나오자 달갑지 않은 것 같다.

동네 아이들이 집에 가서 무슨 이야기를 했는지 부모들이 하나 둘 찾아와서 인사를 하고 간다.

일전에 서울서 내려오셨던 어머니는 나의 까맣게 타버린 내 얼굴을 물끄러미 보시고는 꽤나 가슴이 아프신지 눈물을 글썽이시면서 기도해 주시곤 돌아서셨다.

어젯밤 갑자기 먹구름이 덮이더니 장대비가 쏟아져 도랑물이 불어나 작은 시내는 시뻘건 황톳물로

소용돌이쳤다.

이른 아침 근심스런 마음으로 개울가에 나갔다.

아니나 다를까! 온 여름밤을 모기에 뜯기며 동네 아이들과 불 밝히고 긁어 모았던 모래더미, 자갈더미가 온데간데없이 떠내려가고 말았다.

아이들은 나보다 더 안타까워하며 오히려 날 위로한다.

"보세요, 전도사님! 모래하고 자갈이 냇가에 더 많이 쌓였잖아유!"

"그래 더 많이 주시는 하나님이시다."

하루가 멀다 하고 다시 아이들과 분발하여 저녁마다 모래를 긁어모아 가며 깊은 밤은 지나가고 있다.

충청도는 양반이라 그런지 동네 어른들은 별로 아이들에게 쓸데없는 일 한다고 나무라지는 않는가보다.

논배미마다 익어가는 벼가 가득한데 콩밭에는 벌써 가을걷이가 끝났다.

우리 동네 꼬마들과 학생들은 태경이(정신병으로

찾아온 청년)네로부터 널찍한 콩밭인 그 아름다운 선물, 예배당 대지를 기증받고, 한없는 감사를 주께 드리며 어머니를 찾아 사례했다.

  10월이 한창 익어가는 그날 저녁, 밤하늘의 별들이 무척이나 밝았다.

  나는 콩밭을 기증받고는, '세상에 이런 일도 있구나!'하고 벌떡이는 가슴의 흥분을 달래며 한밤을 꼬박 지새웠다.

  그러나 당장 내일부터 벽돌을 찍어야겠지만, 준비는 고사하고 도대체 누가 그 힘든 일을 감당한단 말인가!

  돈·돈·돈· 그 많은 돈들은 어디가서 처 박혔기에 내 수중엔 연탄 몇 장 값도 없단 말인가!

  서울에서 갑자기 인편으로 어느 권사님이 보내주신 생활비가 왔다. 나는 그 봉투를 들고 떨며 하나님께 진심으로 복을 빌었다.

쟁기질을 끝낸 밭 (빈센트 빌럼 반 고흐 作, 네덜란드, 1889)

그렇지! 나는 날이 밝자 당장 충주까지 나가서 시멘트를 돈만큼 사왔다. 트럭이 있을 리 없어 큰길까지만 소달구지로 갖다놓고, 꼬부랑 논둑길엔 리어카도 못들어가 죽을 힘을 다해서 동네 아이들과 달라붙어 눈물겹게 옮겨다 놓는다.

 우리의 이런 모습을 보고 동네 모든 분들이 감동을 받았나보다. 정 교감선생님의 마음이 움직이고, 이장님도 움직이고, 방앗간 윤 집사란 분도 나타났다.

 조용하던 마을이 갑자기 분주하다.

 동네는 새바람이 불기 시작했다.

 수시로 마을 사람들이 밭고랑에 나와 서서 예배당 건축을 위한 회의가 시작된다.

 생면부지의 일꾼들이 자원하고, 어른들이 뜻을 모으니 나는 천군만마를 얻은 것처럼 기쁘고 가슴이 벅찼다.

 드디어, 일을 본격적으로 시작하기로 한 기다리고 기다리던 그날, 삽을 들고 땅을 파는 날이다.

내가 이 멍텅구리가 예배당을 세우겠다고 콩밭에다 삽을 꽂았다. 동네 어른들이 우르르 달려나와 콩밭은 삽시간에 동네 사역장이 되어버렸다.

더군다나 때가 되면, 이 집 저 집에서 누구랄 것도 없이 참을 내오고, 철길을 달려가는 열차의 손님들은 그런 우리들을 아는지 두 손을 흔들며 환호한다.

땅 끝, 조그만 동네 들판에서 당신의 계획이 시작된 것이다.

지난 여름 산상집회 때다. 학장님께서 지리산 피아골 오지에서 목회하는 초년생 친언니네 교회를 찾으셨던가 보다.

말씀하시기를, 한국에서 제일 큰 예배당이 피아골 오지에 세워졌다고 극찬하셨다.

하늘 아래 첫 동네인 산간오지인데 어떻게 된 일인가? 이상해라? 집회에 모인 청중들은 의아했다.

그곳 마을은 열 집이 될까 말까 한 작은 마을인데? 그곳의 사정을 잘 아는 나도 의아하기는 마찬가지였다.

야외예배

그러나 계속되는 학장님의 말씀이 재미있으시다.

"예배당은 여덟 평인데 온 동네 사람들이 다 들어가도 자리가 남으니 이보다 더 큰 예배당이 어디 있느냐?"

그러시고는 빙그레 웃으셨다. 그 순간 많은 사람들의 폭소가 터지고…….

하긴 맞는 말씀이다. 자기 동네의 사람들이 다 들어가고도 남는 예배당이 이 땅 어디에 있단 말인가. 그러니 가장 큰 예배당인 게 분명했다.

웨스트민스터 사원도, 여의도 예배당도 동네 사람들 전부 다 들어갈 수는 없지 않은가?

그러고 보니 우리 언니는 세상에서 가장 큰 예배당을 건축한 것이 틀림없다.

작은 일에 충성
잃어버린 영혼을 긍휼히
이름 없어도 좋고
빛이 없으면 어떠랴!

새삼스럽게 이 못난 동생을 위해 어젯밤도 눈물로 지새웠을 언니가 갑자기 보고 싶어졌다.

한번 동네를 벗어나려면 십리 길을 내려오며, 돌아갈 때는 숨이 턱에 닿도록 가파른 산길을 기어가야 하는, 고난의 돌짝밭 길이 이름 없는 연약한 여종을 울리지나 않을는지…….

언니야,
나도 언니처럼
반드시 승리할게.
기도해 줘!

내 가슴이 어찌나 무거운지 눈시울이 뜨거워졌다.

만사가 그냥 될 리는 없는가 보다.

그래도 주님의 집을 짓는데 희생이 있어야겠기에 나는 사람들 모르게 금식을 하기 시작했다.

그러나 체력이 그리 변변치 않은 나는 한 주일이 지나가면서 논두렁길에 몇 번인가 쓰러졌다.

그렇게 열흘이 지나고 나니 동네 사람들이 눈치를 채고는 늦은 저녁에 정성을 다해 푹 곤 닭죽을 많이도 가져왔다. 날 친딸처럼 아껴주는 봉원이 어머니가 옆에 꼭 붙어 앉아서는 자꾸 죽을 떠 넣어준다.

그러나 금식으로 속이 비어있는 상태에서 마지못해 한 숟가락, 또 한 숟가락을 받아먹다 보니 속이 뒤집히고 급기야 복통이 일어나고 말았다.

창자가 터졌는지 꼬였는지 참을 수가 없다. 고통으로 방바닥을 기어 다니며 이를 악물고 참았다.

어느 순간, 정신이 아득해지고 나는 죽었는가 보다.

정신을 차려보니 사흘이 지난 것 같은데 서울의

병원에 내 몸뚱이가 누워 있다.

　내가 하도 정신없이 날뛰니까 황망한 가운데 동네 분들이 그 밤으로 서울로 이송했는가 보다.

　하긴, 타관 벽지에서 연고도 없는 처녀가 죽어나 자빠지면 큰일이 아닌가!

　얼마 후, 몸을 추스르고 다시 내려왔더니 온 동네 사람들이 문안을 왔다.

　나는 다시 밭에 나가서 벽돌을 찍는다. 나도 서툴기는 매한가지이지만, 보기에 아직 서툰 일꾼이 하는 게 눈에 안 차서 바지를 바꿔 입고 나가, 함께 모래에 시멘트를 배합하고, 물을 붓고 이겨서 벽돌을 찍는다.

　이내 어깨가 쑤시고 온 몸이 땀에 젖어 그냥 주저앉고 말았다.

　이러다간 아무 일도 안 되겠다.

　하늘이 아득하더니 빙빙 돈다.

　콩밭 옆에 조금씩 굳어진 벽돌을 쌓고 그 사이에

모기장을 치고는 엎드렸다.

  간간이 화물차가 철길을 지날 때 그 소음에 화들짝 놀라 일어나 앉는다. 지쳐버린 육신을 걷잡을 수 없다.

  저 멀리, 깊어가는 가을밤 산 속에서 소쩍새가 운다.

  "아니지, 우는 게 아니라 날 위로하는 노래인 거야!"

  드디어 동네 사람들이 모두 모인 아침나절, 만세반석 푸른 콩밭에 예배당을 세우는 대 역사가 시작되었다. 감격의 눈물이 모두의 얼굴을 흥건히 적셨다.

  비가 내리는 날은 가슴 졸이며, 방문을 열어놓고 콩밭을 바라보면서 어둡기까지 안타까워했다.

  시멘트 작업은 겨울이 오기 전에 끝내야겠는데 아직도 벽은 생각만큼 올라가지 않는다.

  조바심으로 가슴이 조여온다.

  동네 사람들은 서로가 기적을 이루려는 듯 공사가 진척될 때마다 자재를 사다 나른다.

고마운 사람들, 축복의 사람들이다.

'모르겠다, 돈은 누가 갚는지, 외상으로 가져오는지……'

내가 무슨 집을 지어봤다고 예산을 세울 수 있으며, 자재를 알며, 공법을 알랴! 동네 사람들이 자기 집을 짓는 것처럼 공사는 계속되고 있다.

벌써 아침부터 들판에는 뽀얀 서리가 덮이기 시작한다. 내가 방 한 칸을 얻어 사는 갑수네 뒷곁에 그렇게 붉던 대추나무도 이젠 열매가 다 떨어졌나 보다.

예배당 지붕 덮기 전 모습

 드디어 지붕을 덮는 날 아침, 손이 시리고 쌀쌀하다. '상량'한다고 동네 사람들이 몰려왔는데, 난 무슨 뜻인지 몰라 그냥 우두커니 바라만 보고 있었다.

 대들보에 조합장 어른이,
 『主降生 一九七一年 十月 十二日』
 이라고 먹으로 짙은 글을 썼다.

 대들보를 광목천에 매달아 올리고는 모두들 익숙하지 않은 목소리로 찬송하며 감격해 한다.

나는 저들을 위해 무얼 해야 하나?
저들은 날 위해 저토록 애쓰는데,
땀 흘리고, 시간을 내고, 건축 자재를 사오고…
사랑하는 어버이들이여,
부활자들이여!

아마 스룹바벨이 예루살렘을 축성할 때 백성들과 함께 이렇게 하였겠지.

눈바람이 휘몰아쳐도 이젠 걱정 없겠다. 저토록 튼튼한 지붕이 덮였으니!

나는 이제 공사가 끝난 줄 알았다.

일시에 피곤이 몰려오는가 싶더니 이내 앓아눕고 말았다.

내가 저 사람들을 격려하며 일을 해야겠는데, 오히려 동네 사람들이 날 위로하는 역현상이 일어나고 있다.

기껏해야 30평도 채 안되는 예배당을 짓는데 그렇게 자재가 많이 들어가는지, 자고 일어나기만 하면 자재타령이다.

그렇다.
이 넓은 우주를 누가 지으셨나?
얼마나 아름다운가!
얼마나 질서정연한가!
이 엄청난 창조 사역을
엿새 만에 완성하신 여호와여!
찬송 받으소서
할렐루야!

나는 울며울며 그분을 찬송했다. 맨바닥에 거적때기를 깔고 앉아 부르는 찬송과 무릎 꿇는 기도는 처음부터 은혜요, 감사요, 기쁨이요, 감격이다.

그러나 예배당의 겉모습은 이렇게 반듯하게 드러났는데 들판이라 배전선이 없다.

어떻게 하란 말인가!

예배당에 누가 붉은 십자가 네온 불을 밝히랴!

무슨 수로 전기를 끌어올지 그 동안은 까맣게도 생각 못했던 일들이 현실이 되어 턱 하니 내 앞에 다가왔다.

마을로 오는 송전선을 이곳까지 끌어오려면 전주가 열 개는 세워져야 한다는데, 이 소름끼칠 공사를 어떻게 해야 할지 밥이 목구멍으로 넘어가질 않는다.

전주 하나를 세우는 데도 기십만 원은 족히 드는데, 열 개는 세워야 한다니…….

나는 가슴이 무거워졌다. 짓눌린 가슴은 멍이 드는가… 압박이 심하다.

바울은 고차원적인 갈등에 쌓여,

"오호라! 누가 이 사망의 고통에서 나를 건져내랴"라고 했지만, 나한테의 고민은 사실 바울보다 더 컸다.

'그래, 때를 기다리자!'

푼푼이 모이는 헌금을 털어 마루를 깔 판자를 실어 날랐다. 어느 새 창틀만 박힌 유령의 집에는 밤새워 부르짖는 내 기도소리로 온 동네가 시끄럽다.

들판, 창유리 하나 없는 미완성의 텅 빈 집에서 할 일이 도대체 무엇인가!

그저 지칠 때까지 찬송하고 기도만 할 뿐이다.

심지가 타 들어가는 등불을 희미하게 밝히고 무소불능하신 주님께 하소연을 늘어 놓는다.

왜 날, 이 낯선 콩밭에 내 팽개쳐 버리시나이까!
언니 한 사람만 지리산 오지 기슭에
쳐박아 놓으셨으면 되었지.
어찌 저까지
이 빈들에 묶어 놓으시나이까?
이유가 무엇이나이까?
저 산 밑에 있는 영혼들이 그리도 귀貴하시나이까?
이 땅엔 다윗 같은 용사도 바울 같은 선생도 많은데,
어찌 굴레 씌운 망아지를 묶어두시나이까!
아직도 익지도 않은,
풋능금처럼 비린내 나는 이것을
놓아주소서!

페인트 칠을 하기 전 예배당 (교감선생님, 이장님 등)

새벽까지 엎드렸다.

거름을 지고 나온 동네 아저씨들이 가슴이 저린지 창 밖을 기웃거리며 헛기침을 하다가 돌아간다.

아직도 덜 마른 송판을 실어 나른다.

금방 사온 판자를 맞추며 마루를 덮어 나간다.

망치를 들고 못을 박는다. 망치질이 보기는 쉬운데 막상 해볼라치면, 한번 못대가리를 망치로 두들기기도 전에 못대가리가 휘어져 박히기를 거부한다.

그래도 망치로 못대가리를 향해 힘껏 내리치는 순

간, 온몸이 쪼그라드는 아픔이 인다. 가느다란 손가락이 뭉개졌는지 나도 모르게 팔짝팔짝 뛴다. 너무 아파 눈물도 안 나온다.

'주님의 손바닥에 녹슨 못이 사정없이 파고들 때 어떠하셨을까. 두 발에 깊숙이 박힌 못이 아니었던가!'

망치에 얻어맞은 손가락이 파르르 떨고 있다.

갑자기 어머니의 얼굴이 떠오른다. 아버지가 보고 싶고, 쌍둥이 동생들이 보고 싶어진다. 이럴 때 남들처럼 오빠라도 있었으면…….

망치를 내던지고 밖으로 나와 예배당 주위를 휘~ 둘러본다. 짓밟힌 쑥대가 몰골사납게 누워 있다.

엎드려 코를 갖다 대고 냄새를 맡는다. 진한 쑥 내음이 싸하다.

그렇다 나의 냄새는 어떤 것일까?

나는 전도자인데 어떤 냄새를 풍기고 살아왔을까?

바울은 사망의 냄새와 생명의 냄새가 있다고 했는

데…….

지난 3학년의 학창시절이 그리워진다. 날마다 스파르타식 수련으로 영육을 단련받던 금쪽 같은 나날들.

눈에서 눈물이 흐를 때까지
이마에서 땀이 날 때까지!
목에서 불이 나올 때까지!
등골에 진땀이 흐를 때까지!

그렇게 기도하라고 훈육하시던 스승님 얼굴, 매일 새벽마다 종이 울리면 곤한 잠을 깨워주시던 사감님.
하루 일과가 끝나고 저녁 예배를 마칠 때쯤이면, 싸늘한 성전에서 귓볼이 시린데도 무릎 꿇던 밤, 삼선봉 돌 제단에 올라 작은 예레미야가 되어 살육당한 딸, 내 동족을 위해 애통하던 오솔길의 솔향기가 그립다.

한 여름이면 공부하던 이들은 휴강인데 어쩌자고

40여 일을 삼복더위 아랑곳없이 전국을 뛰어 다니며, 노방에서 복음을 전했던 아름다운 추억, 소나기 주르르 맞고 젖은 옷을 말릴 곳 없어 민망해 했던 날들.

차비가 다 떨어지면 십 리고, 백 리고 '내가 매일 기쁘게 순례의 길 행함은~' 찬송가를 부르며 걷던 일이며, 두 달이나 가뭄으로 대지가 까맣게 타 들어 가던 전라도 나주 벌판으로, 곡성으로 강렬한 태양에 얼굴 익혀가며 활보했던 날들.

아니어라, 아니어라!
내 힘이 아니어라.
그분께서 인도하심이라.
도우심이라!
지금도 그 봉우리엔 울고 있겠지!
어린 것들 보내놓고 울고 있겠지.
이 강토에 사랑나라 이룰 때까지
울고 있으리!

얼어맞은 손가락은 금방 잘 익은 포도알처럼 먹빛

이다. 육손가락을 가진 창일이가 헐레벌떡 달려온다.
"많이 아프시지요?"
"괜찮아!"
창일이는 부모와 형제들이 교회에 나가지 말라고 구박이 심한데도 봉사에는 늘 앞장 서는 소년이다.
유전인지 오른손 엄지가 자그맣게 하나 더 있다. 얼굴이 까맣지만 영리하고 명랑하여 항상 내 주위에서 날 웃기려 애를 쓴다.
가끔 식구들 몰래 아직도 따스한 온기가 남아 있는 금방 낳은 계란을 하나씩 가져다 주기도 한다.
"그러면 못써!" 하면 씩 웃고 냅다 도망을 간다.

언제부터인가 졸지에 나는 동네에 나가면 모든 사람들로부터 반듯한 인사를 받는, 대접받는 사람이 되어 있었다.
길흉사가 있으면 언제고 와서 상의하고 자문을 구한다. 자문이라야 다른 게 아니고 교회식으로 하는 방법을 묻는 것이다.

그러나 아직 나는 그러한 체험적인 지식도 없고, 교육 또한 제대로 못 받았기에 잘 가르쳐 줄 수가 없어 당황할 때가 보통 많은 것이 아니다.

남자아이들이 처음에는 누나라고 부르다가 갑자기 '전도사'라고 부르기가 어색한지 어떤 녀석들은 아직도 '누나'라고 하다가 머쓱해 한다.

'누나면 어떻고 언니면 어떠랴! 마음이야 더 없이 편하지 않은가!'

오히려 동네 어른들은 내가 민망할 정도로 예우를 하는데 미안스럽기 그지없다.

가을이 끝나고 입동이 한참 지난 어느 날, 동네 어른들을 모셔놓고 그냥 감사한 마음으로 잔치를 벌였다.

그런데 이 집 저 집에서 떡을 하고 밥을 해오는 바람에 내가 대접하려던 것이 오히려 거꾸로 대접을 받는 꼴이 되고 말았다.

덜 마른 판자에서는 진한 송진 냄새가 묻어나고, 천장엔 언제 가려서 안 보이게 할지 모르는 서까래가 드러나 보인다. 그래도 모두가 즐거웠고 행복했다.

건축에 쓰고 남은 자투리 나무토막을 난로에 집어넣으니 후끈후끈 실내가 더워진다.

살짝 곰보인 방앗간 윤 집사가 갑자기 뛰쳐나와 꼽추춤을 춘다. 등에다 바가지를 집어넣고는 잔뜩 웅크리고 요리조리 춤사위를 고르는데, 온 동네 사람들이 박장대소를 한다. 나도 윤 집사와 두 손을 잡고 부끄럼도 모르고 덩실덩실 춤을 추었다.

정신이 온전치 못했던 태경이가 언제부터인지 힘든 일은 도맡아 하곤 했는데, 몰라보는 사이에 정신이 맑아져서 홀어머니와 동생들을 잘 돕고, 힘은 또 얼마나 좋은지 큰 산에 가서 해오는 나뭇짐은 동네 사람들보다 월등하게 컸다.

이런 걸 가지고 "지성至誠이면 감천感天!'이라고 하는지 모르겠다. 동네 안에는 부자들이 꽤나 많지만, 하나님은 이토록 불쌍한 가정을 통해서 땅을 마련하시고, 성전을 이루시고 계신다.

어머님 이인수 권사님과 함께

  동네의 이장님 가정이 나오고, 식자識者층이라고 할 수 있는 교감선생님이 나오시니 다른 사람들은 그냥 따라 나온다.

  몇 집을 빼놓곤 어른 아이들 할 것 없이 예배당 나오는 것이 가장 신사스런 생활이 되어 가고 있었다.

  누가 가르치지도 않았는데 헌금도 할 줄 알고, 교감선생님 댁에선 성경을 읽었는지 어느 날 주일 예배시간에 십일조를 바치는 게 아닌가? 그래서 유식이 무식보다 나은가 보다.

온 동네가 추수하는 소리도 조용해졌다.

저물어 가는 저녁 무렵, 아버님이 내려오셨다. 어머니의 극성 아래 두 딸을 신학교에 보낸 것이 불만스러워 일부러 외면하시던 분이셨다.

내 손을 꼭 잡으시고는 대견한 듯 말씀하셨다.

"그래, 장하다! 언니도 장하고, 너도 언니만큼 장하다!"

아버님은 참으로 오랜만에 외출하셔서 처음으로 이곳을 찾으신 것이다. 넉넉지 않아서 돕지도 못하신 것이 퍽이나 가슴 아프신 모양이다.

해질 무렵에 떨어지지 않는 발걸음으로 떠나가시던 아버님······.

이젠 살을 파고드는 새벽바람이 원망스러워 유리창을 끼워야겠다고 생각하다 학교로 달려갔다.

울긋불긋 뒷산에 채색된 활엽수가 낙원처럼 아늑하다. 지난 날 거닐던 기도터에 올라가 무릎을 꿇었다.

까닭모를 눈물이 봇물 터진 것처럼 나를 적신다.

눈이 붓도록 실컷 울었나 보다.

주위에 늘어섰던 나무들도 그새 키가 많이 자랐다. 밤마다 엎드리던 이 자리는 주인이 없어선가 낙엽들이 덮였고, 반들반들하게 다져졌던 내 발자국들도 사라지고 없었다.

강당 대성전에는 늦가을 집회가 열리고 있어서 산을 울리는 찬송소리가 내 가슴을 후련하게 한다.

아골 골짝 빈들에도
복음 들고 가오리다!

나는 식어져 가는 내 가슴에 새로운 소명召命의 바람을 불어넣기에 급급하다.

밤은 깊어가지만 산을 내려오기가 싫다. 영원히 이 무릎 꿇고 그대로 있고 싶다.

저 언덕 위에서 주主께서 날 오라고 손짓하는 환영幻影이 일어났다. 순간, 지쳐있던 나는 모든 고통을 떨쳐버리고, 두 손을 들고 주主를 환호한다.

무한한 위로가 나를 감싸고 있다.

얼얼한 얼굴을 비비며 산을 내려오는 내 가슴은 다시 한 번 희열의 도가니가 되었음을 확인할 수 있다.

새벽기도회를 나오시던 '안나' 숙소 사감님과 마주쳐 사감님 방에 끌려 들어갔다.

두 손을 아랫목 이불 속에 파묻어 주시며, 따뜻한 쑥차를 끓여주신다.

기숙사에 있을 적에 근실하지 못했던 지난 날의 생활이 부끄러워졌다.

"선생님, 저 때문에 속상하셨지요?"
"아냐! 네가 이렇게 목회 실습을 잘하고 있잖니!"

선생님 무릎에 엎어져 엉엉 울고 말았다.

선생님은 내 머리에 손을 얹고 떨리는 음성으로 기도해 주셨다.

나의 힘이 되신 주여!
사랑하는 딸을 기억하소서.
영육간에 지쳐 넘어지려 하옵니다.
천에 하나, 만에 하나, 선택하신
사랑하는 어린 종을 굳세게 하소서.
연약한 목동 다윗을 엘라 골짜기에서
거인 골리앗 앞에 세우셨던 여호와여!
도와주소서!
당신의 부르심에
청춘을 산 제물로 드리오니
받아 주소서!
현재의 고난은 장차 받을 영광과
족히 비교할 수 없다던 바울의 소망을
어린 종에게 부어 주소서!

날이 밝아 학장님께 인사를 드리고, 그 동안 성전 건축 상황을 보고했더니, 빙그레 미소 지으며 등을 두드려 주신다. 공부할 때는 걱정스럽더니만 제 몫을 하는 것 같으신지 이것저것 자상하게 묻곤 하신다.

"바람이 찬데 유리창을 끼워야겠어요. 돈 좀 주실 수 있으신가요?"

"그래, 사무실에 가 봐라. 있으면 타 가고, 없다면 좀 더 기도하자."

학장님 댁 현관문을 닫자마자 부리나케 한걸음에 사무실까지 뛰어 내려왔다. 실습비 청구서를 작성하여 주임교수님께 갔더니 한참이나 마주 쳐다보시더니,

"순성아!"

하고는 달려와 와락 껴안아 주신다. 평소에 늘 차돌처럼 냉정하다고만 알고 있던 교수님이 눈물을 글썽이며 환영해 주신다.

얼굴이 너무 상했다고 안타까워하신다. 까맣게 피멍이 든 손가락을 보시고 흠칫 놀라시며 꼭 잡아주신다. 잡힌 손가락이 아픈데…….

학교에서는 실습 나가는 학생들에게 일 년 동안 균등하게 일금 12만 원을 지급해 주는 것이다.

12만 원은 당시 2개월 생활비에 해당되는 정도(절약해야) 밖에 안되는 돈이다.

그간에 생활비는 서울서 보내주는 것으로 근근이 썼고, 한푼이라도 절약해서 건축에 보태야 했기에 크림 한 통을 살 수가 없었다.

그래서 학교에서 지급되는 실습비를 아껴두었다가 가장 필요할 때 타서 쓰려고 달려왔던 것이다.

12만 원을 타서 받아든 순간, 눈물이 핑 돈다.

이것으로 창유리를 끼울 수 있을까? 미완성 작품인 예배당 모습이 갑자기 눈앞에 다가선다.

학교 정문을 나서는데, 허리가 꼬부라진 혼자 사시는 신 권사님이 올라오시다가 날 알아보시고, 극구 자기 집으로 가자고 하신다.

다락에서 잘 익은 홍시를 가져다 놓고 먹고 가라신다.

봄에 뜯은 고사리 말림을 싸 주시고, 빛바랜 책가방을 더듬더니 항공봉투를 찾아 손에 쥐어 주신다.

바로 엊그제 미국에 사는 무남독녀 외딸이 생활비를 보내왔다며,

"다 우리 아버지가 쓰라고 보내주신 거야!" 하신다.

별이 빛나는 밤에(빈센트 빌럼 반 고흐 作, 네덜란드, 1889)

차마 외롭게 살아가시는 신 권사님의 생활비를 받을 수가 없어 몇 번이고 사양했지만 노인의 아름다운 헌신을 더 이상 물리칠 수가 없었다.

 3년 기근에 사르밧 과부를 통해서 선지자를 돕게 하시던 하나님이시라더니, 살면 얼마나 더 사실까마는 세상에 대한 미련없이, 주主의 부르심을 기다리며 살아가는 거룩한 의인의 경건한 모습을 뒤로 하고 교회로 돌아왔다.

 교회에 도착하자 마을에서는 내가 무슨 돈뭉치라도 들고 오는 줄 알고 이틀을 꼬박 기다린 모양이다.

 저녁 시간이 늦었는데도 예배당에 등불이 걸리자 와자지껄하며 예배당으로 몰려나온다.

 모두들 차마 돈 가져왔냐고 묻진 못하고 궁금한 눈빛이 여상하다. 저들의 마음을 위로해야겠다고 마음먹고 학교에 갔던 얘기며, 신申 권사님 얘기며, 이틀간 있었던 얘기를 다하고 나서 가방을 열어 봉투를 찾았다.

봉투를 찾는 그 동안에도 사람들은,

"세상에 어쩜 그렇게 훌륭한 권사님이 계시다?"

하며 감동하고 있었다.

"아니?"

그런데 이게 어찌된 노릇인가?

봉투가 없다. 지갑도 없다. 가방을 들고 거꾸로 털어봐도 봉투가 안 나온다. 주머니를 뒤져도 아무것도 안 잡힌다.

캄캄한 흑암이 나를 에워싼다.

"이 일을 어떻게 하나!"

나보다 둘러섰던 사람들이 더 경악한다.

내 몸이 금방 굳어 가는 것 같다.

"이럴 수가!

主님!

이럴 수가!"

나는 예배당 마룻바닥에 힘없이 쓰러지고 말았다.

사람들도 멍하니 둘러섰더니 이내 함께 통곡한다.

 아이들은 어른들이 우니깐 뭣도 모르고 같이 울어 젖힌다. 갑자기 깊은 밤에 통곡소리는 온 마을 사람을 비상소집하고 말았다. 사람들이 더 많이 몰려와서 영문을 모르고 안절부절 못하고 있다.

 난 울고 있을 수만 없어 자초지종을 얘기했더니, 나이 지긋한 마을 촌로가 수염을 만지작거리며 다가앉는다.

 "보세유! 그 돈이 얼마나 되는가요?"

 사실 12만 원을 받아든 것은 확실하지만, 신申 권사님이 주신 것은 얼마인지 확인도 못한 터다.

 "그 돈은 저 예배당 유리창 끼울 돈입니다. 벌써 겨울 문턱이잖아요."

 노인은 애석한 듯 머리를 꺼덕꺼덕 하고는 물러앉는다. 나는 기가 막혀 정신이 오락가락했다.

 '그게 어떤 돈인데… 내 살점보다 더 귀한 걸… 돈의 액수야 별 것 아니지만, 얼마나 고귀하고 값진 것

인가!'

망연자실한 나는 그냥 예배당에서 밤을 지새웠다. 옛말에 호사다마好事多魔라고 했던가.

'그래도 그렇지, 왜, 主님은 날 이렇게 시련을 당하게 하시는지······.'

새벽이 어지간히 밝았는가 싶은데 멀리서 간간이 발자국 소리가 들려온다. 아마 방앗간 윤 집사가 안쓰러워서 이 새벽에 집을 나와서 오고 있는가 보다.

예배당 문 앞까지 왔는가 싶은데 문 여는 기척이 없다. 한참 뜸을 들이더니 헛기침을 한다.

윤 집사가 아닌 것 같다. 안에서 아무 기척이 없으니까 또 두어 번 기침소리를 한다. 금방 주저앉을 것 같지만 떨리는 다리로 나가서 출입문을 열었다.

"누구세요?"

"네, 저 용식이 할애비외다."

"아니, 이 새벽에 어르신께서 웬일로 오셨어요?"

"자, 이거 받으시지유, 내가 유리 값 좀 가져왔시유."

"할아버지, 유리 값이라니요?"

"어제 장날 우리 집 송아지를 내다 팔았지유. 듣고 보니 전도사님이 우리 동네 오셔서 분골쇄신 좋은 일 하시는데 이럴 때 도와야지유."

"할아버지!"

어젯밤 수염을 만지작거리던 노인이 밤새 곰곰히 생각하시다가 동트기 전에 날 돕는 천사가 되어 30만 원을 몽땅 들고 나오신 것이다.

이럴 때 어떻게 해야 하는가!

춤을 춰야 하나?

목을 놓아 울어야 하나?

나는 할아버지 앞에 엎드려 일어날 수가 없었다.

"일어나세유! 전도사님 일어나세유!"

할아버지는 날 일으켜 세우신다.

내외를 엄격히 하는 유교풍 어른이 아니었으면, 아마 할아버지 품에 머리를 묻고 엉엉 울었으리라!

눈물이 앞을 가려 노인의 얼굴이 희미하다.

"할아버지, 고맙습니다! 정말 너무 고맙습니다!"

"아네유! 전도사님 약속 하나 해 주세요. 절대로 이 사실은 입 밖에 내면 안돼유!"

예배당을 나서서 마을로 돌아가는 노인의 발걸음은 사뭇 빠르기만 하다.

나의 主님께서는 왜 이렇게 나를 울렸다 웃겼다 하시는지 모르겠다. 이러다가 이성을 잃고 미치지나 않을는지 모르겠다. 이건 메마른 광야에 만나를 쏟아 붓는 것보다 더 큰 기적이 아닌가? 반석에서 므리바 생수를 터치는 감격이 아닌가 말이다.

아침이 밝아오자 방앗간 윤 집사가 달려왔다.

내가 쓰러져 기절이나 하지 않았을까 밤새 걱정을 했단다.

정신이 멀쩡해 있는 것을 보고 안도의 한숨을 내쉬더니 부스스 주머니에 손을 넣어 무얼 꺼내 놓는다.

"전도사님, 자 이걸로 유리창 합시다유. 오늘 당장 충주 나가서 유리쟁이 불러올께유. 걱정 마세유."

평소에는 얌체 같아 보이던 윤 집사였는데, 이게 어찌된 일인가.

우리 主여!
영광 받으소서!

돈이 뭔가 모르겠다. 갑자기 다리에 힘이 솟는다.
방앗간 윤 집사 집으로 같이 가서 아침밥을 먹고, 충주 나갈 준비차 예배당으로 나왔다. 끼워야 할 유리창이 몇 군데나 되는지 헤아려서 메모를 하고 예배당을 나서는데, 웬 젊은 사람 둘이 들이닥친다.

"여기가 신성교회지유?"
"그런데요?"
"유리 끼우러 왔어유."
"유리를……."
"主여! 이럴 땐 어떻게 해야 합니까?"
"누가 보내셨나요?"

"교감선생님께서 전화하셨시유."
"교감선생님이요… 돈은……."
"일 끝나고 교감선생님 댁에 들리라고 하셨시유."
나는 정말 어떻게 해야 하나.
이 노릇을 어떻게 하나 말이다.
12월의 푸른 아침 하늘을 향해 두 손을 높이 들었다. 한없이 푸르른 저 높은 창공에 主님의 얼굴이 내려다보시고 있는 것이 아닌가!

그래 인생人生은 미련해!
그저 당신만을 의지하면 되는 걸.
인생은 바보, 바보야!

해가 저물기도 전에 하늘처럼 맑은 유리창이 정갈스럽게 예배당 창문에 끼워졌다.

여호와여!
이 전을 굽어보소서.
저 어린 양羊들을 기억하소서.
저들의 알뜰한 마음을 기억하소서.

예배가 없는 저녁인데도 온 동네 사람들이 저마다 나왔다. 마치 새집을 지어 집들이하듯 마음들이 그리도 좋은가 보다. 설렘이 모두의 가슴에 넘친다.

  나는 사람들을 앞히고, 오늘 하루 동안에 일어난 일들을 소상하게 말했다.

  용식이 할아버지 얘기가 끝나자 "와"하고 함성이 터져 나왔다.

  때마침 막 예배당 문을 열고 들어서시는 노인을 보고, 모두 우르르 뛰어나가 손가마를 태워서 예배당 안으로 모셔왔다.

  방앗간 윤 집사는 또 다시 그 유명한 꼽추춤으로 사람들을 웃겼다. 교감선생님 댁에서 넉넉하게 시루떡을 쪄와 온통 한밤중에 잔치가 벌어졌다.

  바깥바람이 싸늘하지만, 유리창으로 인해 찬바람 한 점 들지 않는 예배당은 영원한 안식의 처소가 되었다.

  누군가 크리스마스 캐럴을 부르기 시작했다.

완공된 신성교회 예배당

고요한 밤 거룩한 밤
어둠에 묻힌 밤
주의 부모 앉아서
감사기도 드릴 때
아기 잘도 잔다~
아기 잘도 잔다~

모두가 손을 잡고, 한 마음으로 기쁘게 찬송을 하는데 이때다, 갑자기 예배당 문이 덜컥 열리더니 주덕지서에 근무하는 경찰관이 불쑥 들어선다.

모두들 의아해서 놀라고 있다.

경찰관은 그런 우리들을 보고 빙그레 웃으며,

"놀라지 마시기 바랍니다. 다름이 아니고 박순성 씨가 이 교회에 계신 전도사님이시지요?"

하고 묻는다. 그렇다고 했더니 이건 또 웬일인가?

엊그제 열차 칸에서 잃어버린 지갑과 봉투가 고스란히 경찰관의 손을 통해 되돌아 온 것이 아닌가! 우리는 누구랄 것도 없이,

"할렐루야! 할렐루야!"를 미친듯이 외치며 기뻐 뛰었다.

그렇게 기적의 날이 지나고 사흘째 낮이다. 성탄절 준비로 부산한데 이장님이 헐레벌떡 뛰어 오신다.

"전도사님, 전도사님!"

숨이 가쁘게 야단이시다.

"저기 마을에 차가 왔어유!"

마을 앞에 웬 트럭이 하나 서 있다.

"그게 무슨 차래요?"

"글쎄 가 보세유."

"가 보시면 알아유!"

이장님과 마을 앞에 있는 차께로 가까이 갔더니 이건 또 웬일인가?

서울 계신 이모님과 사촌오빠들이 종을 보낸 게 아닌가?

아! 이럴 땐 무어라 해야 하나?
미리암처럼 미치도록 춤을 추랴?
다윗처럼 엉덩이가 나오도록 춤을 추랴?

동네 사람들을 불러 그 무거운 쇳덩이를 끈으로 단단히 고정시켜 조를 짜서 교대로 메고 철길을 건너 좁은 논둑길로 옮겨다 놓았다.

이튿날, 읍내 목재상에 나가서 10m 됨직한 원목을 사다가 종각을 세웠다. 종을 매달아야겠는데 간단한 일이 아니다. 할 수 없어 시내 자동차 정비소에 나가 기사를 부르고 동네 사람들의 힘을 모아서 저녁 무렵에야 종각을 설치할 수 있게 되었다.

황금빛 놋줄을 길게 잡아매고 나서 우리는 힘차게 줄을 잡아 당겼다.

"천당 ~"
"천당 ~"

主의 부르시는 음성이 우렁찬 종소리가 되어 가난한 영혼들의 귀를 울리고 있다.

석양에 해는 기우는데 어두워진 북편 하늘로부터 흰눈이 쏟아진다.
당신의 축복이 푸르렀던 콩밭에 쏟아진다.
또 하나의 예루살렘이 이 들판에 탄생한다.
아침저녁으로 논밭의 지표면이 얼어붙기 시작한다. 차라리 얼었을 땐 예배당 오기가 쉽다. 땅이 얼어붙으면 논둑을 돌아오지 않고 직선으로 달려올 수 있기 때문이다.
서릿발이 솟은 들판을 건너 아이들이 짚을 한 단

씩 묶어 횃불을 만들어 들고 저녁마다 예배당에 나온다.

그 동안 정들었던 새마을회관을 깨끗이 정리하고, 약간의 비품을 갖추어 사례를 대신했다.

아랫말, 윗말에서 서로 앞을 다투어 나와 저녁마다 등피(유리)를 닦고 불을 밝힌다.

농촌에서는 가을걷이가 끝나면 주로 주막에 모여 앉아 술을 마시고 투전하는 게 상습인데, 예배당이 생기면서 이런 폐습이 없어져 가는가 보다.

아이들에게는 내가 우상인가 보다. 앞으로 신학교에 가서 공부하고 전도사가 되겠다는 아이도 생겼다.

제발 그렇게 되기를 소원했다. 유능한 아이들이 자라서 나보다 훨씬 더 훌륭한 전도자들이 되는 날, 이 땅에는 얼마나 더 복음이 빛을 발하겠는가.

온 동네 축제가 된 야외예배

내일 모레는 성탄절인데 가슴이 무거워진다. 재미있는 프로그램을 준비할 시간도 없었고, 혼자서 배 놔라 감 놔라 일일이 챙기기도 힘들다.

그러나 올해 성탄절은 첫 번째 맞는 성탄인데 생각하니 큰 걱정이다.

어떡하나? 생각하다가 조금은 의미있게 보내야겠다는 마음으로 그날 저녁에 광고를 했다.

"성탄절은 즐거운 날이지만, 즐거움을 모르는 우리 이웃이 있음을 한번쯤 생각해 봅시다."

고아원, 양로원 같은 곳에 수용되어 있는 이웃을 찾아보고자 했더니, 처음엔 어떻게 해야 할지 감이 잡히지 않는지 날보고 자세한 계획을 알려달란다.

정 교감선생님을 앞세워 모든 계획을 수립하라고 했다. 어른들이 모여 한참 머리를 맞대고 의논하더니 방문 계획을 마련해 왔다.

어쨌든 빈손으로야 갈 수 없으니, 각자 자기 집에서 음식이나 과일 등을 준비할 수 있는 데까지 준비하고, 약간의 생활필수품도 마련하자고 결정했다.

읍내에 한 고아원이 있어 우리가 방문하겠노라고 연락했더니 오히려 정중하게 인사를 하며,

"이번 성탄절보다는 여느 때 꼭 한번 방문해 주시면 고맙겠습니다!" 라고 간청한다. 아마도 성탄절과 연말연시에는 그래도 찾는 이가 꽤 있는가 생각되었다.

하긴 명절 때는 소나기처럼 정신없이 몰려들다가도 평소에는 언제 그랬냐는 듯 발길이 뚝 끊어져 정작 사랑이 절실하게 요구될 때는 난감한 모양이었다.

동방박사들의 경배 (페테르 파울 루벤스, 독일, 1577-1640)

그래서 아무래도 우리 동네를 먼저 생각하기로 했다.

'그래, 올해는 아래 윗동네 노인들을 위한 효도 잔치를 하자.'

무엇보다 동네 이장님이 신명이 나서 싱글벙글했다.

아마 교회 이미지가 싹 달라질 것이라고 신나한다. 그런 이장님 댁에서 떡을 책임지겠단다.

교감선생님은 각종 음료수를, 방앗간 윤 집사는 과일을 준비하기로 했다.

양말을 선물로 준비하고, 장갑도 사오고, 뜨개질한 방한모도 마련하고, 모두 자기네 동네를 위한다는 뜻에서 더욱 그리 좋은 모양이다.

교감선생님은 아이들에게 효도 교육으로 더 없이 좋은 프로그램이라고 얼굴이 상기되었다.

성탄 이브날이다.

아이들과 어른들이 갖가지 모양으로 만든 축하등이 일제히 불을 밝혔다.

바람이 제법 세찼지만, 종각기둥을 따라 매달린

찬란한 오색 등불은 아래 윗마을에서 지켜볼 때 가관이었다.

밤새 밝힐 요량으로 굵은 초를 박아 세웠고, 예배당 처마를 따라 추녀 끝에도 등불을 밝혔다.

또한 엄마들과 아이들이 힘을 합쳐 베들레헴 마굿간을 만들었는데, 어찌나 잘 만들었는지 마굿간보다 소와 말과 양이 너무 커서 마굿간 밖에 서 있고, 하늘에 붙인 빛난 별은 붙여놓으면 떨어지고, 붙여놓으면 떨어지고 한다.

시간이 다가오자 아래 윗마을에서 열일곱 분의 노인들이 오셨다. 두 노인은 건강이 허락지 않아서 못 오시고, 세 노인은 출타 중으로 못 오셨다.

금방 좁은 예배당이 사람들로 가득 찼다. 나는 단에 올라가지 않고 단 아래서 노인들을 위한 짧은 말씀으로 지루하지 않게 그저 축제가 되도록 힘썼다.

노인들의 꺼칠한 손을 일일이 잡아드리며 돌아보는데, 유독 눈이 어두워 고생하시는 할머니 한 분이 눈에 든다.

음식을 나누고 아이들은 일어나 큰절을 올리고, 정성껏 마련한 선물을 공손하게 받들어 드렸다.

노인들은 오랜만에 받은 환대인지 자리를 뜨실 때 손녀 같은 날보고 거듭 머리를 숙여 고마워하시는 바람에 여간 계면쩍은 게 아니었다.

성탄 새벽은 우리 모두가 거룩한 베들레헴 성 사람이 되어 아기 예수 나셨음을 가슴깊이 축하하고, 낮엔 어젯밤에 나오지 못하고 몸져 누워계신 노인들을 방문하여 챙겨둔 선물을 드리고, 출타 중인 가정에도 그리스도의 사랑을 심고 돌아왔다.

그렇게 며칠이 지난 어느 날, 시내 볼 일로 나갔다가 안경집 앞을 지날 때, 문득 그날 밤 눈이 어두워 고생하시던 할머니 생각이 났다.

그래서 무작정 안경집 문을 열고 들어섰지만, 도대체 할머니 눈의 시력 상태를 알 수가 없다.

그래서 주인과 상의한 결과, 흔히 노인들이 쓰는

돋보기안경 다섯 개를 골라서 가져가 하나하나 써 보고, 잘 맞는 것을 골라 드리기로 했다.

처음 보는 안경점 주인이었지만, 전도사의 명예를 걸고 돈은 나중에 지불하기로 하고, 안경 다섯 개를 가지고 나왔다.

나는 부랴부랴 할머니 댁엘 방문했다. 마침 할머니는 바람 부는 날엔 눈물이 나서 밖에 못 나간다며 집에 계셨다. 안경을 다섯 개나 펼쳐놓고 써 보시라 했더니 깜짝 놀라신다.

그러시더니 이내 안경을 안 쓰시겠다고 돌아앉으신다. 아무리 써 보시라 해도 돌아앉으신 그대로 요지부동이다. 그때, 마침 이웃집 노인이 들렀다가 이 광경을 보시고는 할머니를 달랬다.

그러자 노인이 갑자기,
"아이고~ 이 무슨 호살까!"
하시면서 목을 놓아 우신다.
영감님도 오래 전에 사별했고, 자녀라곤 딸이 하

나 있는데 저희 살기 바빠서 왕래가 뜸하다 보니, 할머니의 삶이 무척이나 고달픈가 보다. 그런 할머니가 이런 호사를 받으시니 그러신 게다.

그렇다! 옛날 우리 어머니들은 다 그렇게 사셨다. 어쩌면 이 땅의 어머니들은 모두가 똑같은 길을 가고 계시는지 모른다.

나는 노인의 어깨를 주무르며, 그냥 말이 없다. 하마터면 나도 목이 메어 울 것 같기 때문이다.

흐느끼던 노인은 미안해하며 이내 돌아 앉아 내 두 손을 꼭 잡으신다. 그리고는 내가 펼쳐놓은 안경을 하나씩 써 보시더니, 마지막 다섯 번째 안경이 제일 밝게 보인다고 하셨다.

노인의 얼굴이 밝아졌다.

내 마음도 평안해졌다.

그 이튿날 안경집에 나가 똑같은 안경 하나를 더 사서 할머니에게 갖다 드렸다.

갑자기 부러지기라도 하면 안 되기 때문이다.

섣달 그믐날이다.

그 동안 생각이 미치지 못했던 졸업논문이 문제로 다가왔다.

엎치락뒤치락하다가 새벽을 맞았는데, 꼭두 첫 새벽 예배당 문을 들어서는 낯선 노인이 있었다.

하얀 치마저고리를 입고 목도리를 두른 노인, 머리를 반듯하게 빗었고, 점잖게 안경을 쓴 노인이다.

주님! 이럴 수가!
아멘, 할렐루야!

일전에 안경을 사다 드렸던 바로 그 할머니었다.
"전도사님! 나도 예수당 믿을라유. 정월 초하루부터 시작할라유."

그러시곤 다짜고짜 절을 넙죽하신다. 나는 황망히 달려가 안아 일으켰다.

할머니가 신은 뽀얀 새 버선코가 너무 예뻐 보였다.

오! 이스라엘 야훼시여!
이 새벽 한 마리 잃은 양羊이
당신의 구유로 나옵니다.
감췄던 만나 항아리
열어,
먹여 주사이다.
아브람을 모르더라도,
선지자를 모르더라도
책責하지 마사이다.
야훼시여!
당신의 나라에서 지금 이 새벽
살진 송아지를 잡으소서.
열두 줄 비파를 뜯으소서.
생명수 강江가에다
꽃배를 띄우소서.
살렘의 성벽에
황금종黃金鐘 울리소서.
아멘.

지금도 그 콩밭에 있는 예배당

새해가 밝은 아침나절엔 이 집 저 집에서 아이들을 보내왔다.

"떡국 잡수러 오시래요~"

서너 아이가 한꺼번에 들이닥치니 누구네 집엘 가야 하나 큰 걱정이다.

한참 망설이다가 아이들을 다 돌려보내고 찬바람을 안고 태경이네로 갔다.

동네 사람들은 아직도 정신병을 앓았다고 태경이와 그 식구들을 조금은 멀리하고 있는 터다.

마당 곁에는 태경이가 먼 산에서 해다 나른 나뭇짐이 지붕처마가 닿도록 쌓여 있고, 반들반들 윤이 나도록 살진 송아지가 벌써 낮 여물을 먹고 있다.

부엌에서 점심상을 보던 태경이 어머님이 하마터면 문턱에 발이 걸려 넘어질 뻔하면서 급하게 달려 나온다.

"아이구, 전도사님유! 들어오세유! 쟤들이 전도사님 모시러 가래두 글쎄 부끄럽다고 안 가유……."

방 안에 있던 태경이 형제가 문을 펄쩍 열고 뛰어 나오더니 수줍은 인사를 한다.

 시렁에 매달린 메주가 익어 가는지 방 안엔 시큰한 내음이 가득하다. 윗목엔 고구마를 캐다가 저장한 수숫대로 엮은 섬이 아주 넉넉하다.

 두 형제가 아랫목에 앉으라고 반강제로 떠밀어 무심결에 털썩 앉았다가 어찌나 뜨겁던지 혼이 났다.

 점심상엔 떡국이 맛깔스럽게 올라와 있고, 불그레한 호박떡이 소담스럽게 나왔다.

 벌써 익은 시원한 동치미 한사발이 별미 아닌가? 세 모자를 앉히고 간절히 감사의 기도를 했다.

 사랑의 하나님!
 이 복스런 가정을 기억하소서.
 온 동네 사람들 부자들도 못한
 큰일을 이루셨나이다.
 다윗에게 바친 오르난의 타작마당처럼,
 하나님의 전殿을 위하여
 예비하셨던 콩밭을 바쳤나이다.

주여! 복을 내리소서.
과부의 한숨소리를 들으시마고 하셨던
주께서 이 가정의 눈물을 거두소서.
사랑하는 아들에게 밝은 마음
깨끗한 정신을 주시고,
성령께서 함께 하소서.
거라사 귀신을 쫓던 주께서
이 가정에서 어둠의 권세를 몰아내 주소서.
가나안 여인女人의 간청을 들으사
그 딸을 온전케 하신 주主께서
사랑하는 아들을 온전케 하소서.

 점심 상 앞에 둘러앉았던 모자가 어느 새 목놓아 울고 있다. 식구들은 한참이나 그칠 줄 모르는 울음으로 어깨가 들썩이도록 몸부림친다.
 그날 후로부터 태경이는 정말 깨끗한 청년이 되었다.
 군대에 갈 적령기였으나, 병력病歷으로 인해 징집 면제가 되었고, 홀어머니를 받들어 모시고 동생의 학업을 위해 맨몸으로 뛰는 건실한 형兄의 모습은 전화위복이 아닌가!

온 가정이 구원받고
주의 전을 이룩하고
노모를 봉양하고
하나님께 영광 돌리고
"고난당한 것이 내게 유익이라!"

이 시편의 말씀은 사실인 것이 아닌가.

새해 첫 주일날 아침이다. 낑낑거리며 태경이가 쌀가마니를 지고 예배당엘 왔다. 지난 해 추수하고 십일조도 못했는데 그래서 가져왔단다.
나는 십일조를 가르친 적도 없는데…….

아직 목회 일 년도 제대로 못한 내가 처녀 실습 목회를 하면서 너무너무 얻은 게 많다.
이 작은 농촌에서 일어나는 꿈 같은 기적들은 바로 그 자체가 아름다운 보석 같은 믿음의 결정체가 아닌가!

"말씀을 써 먹는 삯꾼이 되지 말고, 말씀에 씌어져라!"
불호령하시던 스승님.

"개는 짖어도 기차는 달린다. 목표는 主의 십자가이니 좌우로 치우치지 말라!"

비수 같은 스승님의 그 말씀.

나는 그 동안 어디를 바라보며 달려왔는지 모르겠다.
아니다. 달려온 게 아니고 떠밀려 왔다.

나는 그분을 모르나, 나를 아시는 그분이 끌고, 밀고 오늘까지 오고 있다. 제자들을 파송하시던 主께서,

"뱀처럼 지혜롭고 비둘기처럼 순결하라!"

고 하셨는데 도대체 무엇이 지혜이고, 무엇이 순결인지 나는 아직 모르겠다.

그저 쑥바구니 들고 나물 캐던 가난한 나의 삶이 그리울 뿐이다. 골짜기 푸른 숲가에 싱싱하게 얽혀 뻗어가는 다래 순을 따다 먹고, 손끝을 찌르는 두릅을 꺾어오던 따갑던 봄 햇살이 그리울 뿐이다.

내게는 욕망도 없고 바람도 없다. 그저 그분이 이끄는 대로 따라 나선 것뿐이다.

여기서 이십 리쯤 떨어진 음성 지역 비산리에 먼저 와 있던, 학교서 반장하던 언니는 동네에서 누에 치는 잠실을 얻어 예배를 드린다고 한다.

충주 탄금대 가는 길목 마을에 파송된 M언니는 아직도 건축이 덜 끝나서 애를 태우고 있나 보다.

오로지 우리 나그네들,
나그네들은 한 달란트, 두 달란트,
다섯 달란트 받아
내가 받은 한 달란트를 귀貴히 알고
작은 일에,
작은 일에 몸 바쳐 살아야 하리…
소돔이 날 부르고,
폼페이가
무인도로 날 부를 때
날 구속하신 주主의 명命하심 따라
기꺼이 달려가리.
이 몸 바쳐서 금수강산에
복음나라 이를 때까지

힘차게 싸우며 나가리.
이 강토에 사랑나라 이룰 때까지
미련한 자를 들어
지혜로운 자를 부끄럽히고,
약한 자를 들어 강한 자를 부끄럽히는
신실한 약속, 능력을 믿고…….

主님 날 부르시면

이 실 태

크리스챤신문 제7회 문예상 당선작(목회수기 부문)으로,
1987년 7월 11일(지령 제1284호)에 게재되었던 작품.

피난 (조르주 루오 作, 프랑스, 1936)

主님 날 부르시면

초저녁부터 빗방울이 "툭! 툭!" 부엌바닥에 뒹구는 대야에 떨어지더니 어느 새 잠잠하다.

아내는 하루 종일 축호 심방 전도하러 따라 다니더니 말도 없이 지하실 축축한 바닥에 곰팡이 냄새에 취하여 잠들고 말았다. 열 살짜리 아이도 학교공부에 지쳤는지 잠든 지 오래다.

곤히 잠든 아내의 얼굴이 요즘 들어 너무 까맣다. 마치 식은 고구마 같다.

'불쌍한 여자! 무슨 호사를 하겠다고 시집와서 이 지하실 바닥에 쓰러졌나!'

갑자기 콧날이 찡하게 뜨거움이 오간다. 아내가 깰세라 고양이 걸음으로 삐거덕거리는 방문을 반쯤 열고, 판자벽으로 가린 예배당으로 나왔다.

왠지 방석이 깔린 강단에 올라가기가 싫어 그냥 맨 바닥에 엎드렸다.

기도도 안 나오고, 할 말이 도무지 없다. 고향의 부모님 생각이 난다.

신학교 다닐 때 함께 '바울'의 신학을 논하고, '겟세마네의 밤'을 잊지 말자던 벗들의 얼굴이 떠오르기도 한다.

'난, 왜? 이 바닥에 왔나!'

문간을 나서면 비행장에서 쏟아져 나온 미군 아이들이 한국 계집아이들을 끼고 오만 불손하게 골목을 주름잡고 있었다.

갑자기 어두움을 가르는 폭음이 지하실 구석까지 폭발한다. 비행기가 이륙하는 모양이다.

교인이래야 두 사람밖에 없는데 하루 종일을 뛰어다녀도 할 일이 남았으니, 큰 교회는 얼마나 할 일이 많을까 심히 걱정스럽다.

캄캄한 예배당에 엎드렸어도 내 눈에는 언덕 위에

솟아 있는 '좌동'교회가 뵌다. 아래 쪽 '가나안'교회도 보이고, '한일'교회의 웅장한 3층 예배당도 연거푸 나타난다.

 '나는 언제나 이 지하실 신세를 면하고 세상 밖으로 나가 밝은 하늘 아래서 예배당을 세우고 예배를 드리나!'

 밤을 새워도 승산이 없는 헛된 꿈을 그리며 그대로 잠이 들었다.
 얼마나 시간이 흘렀는지 모르겠다.
 꼬부라진 무릎엔 감각이 없고, 땅바닥에 닿은 이마가 갑자기 서늘해 온다.
 지하실 바닥에 비닐 장판때기를 깔았으니 오죽 시원하랴. 그대로 다리 좀 뻗고자 뒤로 벌렁 자빠졌다.
 이게 웬일인가! 갑자기 철퍽하고 물 속에 드러눕고 말았다. 깜짝 놀라 정신을 차리고 보니 칠흑 같은 어둠인데, 나는 물 속에 누워 있는 것이 분명했다.

온몸은 이미 물에 다 젖어 있었다.

더듬거리며 불을 밝혔다.

"하나님 감사합니다!"

바닥에 깔렸던 방석들이 노아 방주처럼 이리저리 둥둥 떠다니고 있었고, 출입문으로 흙탕물이 콸콸 쏟아져 들어오고 있다.

문은 닫혔는데도 물이 쏟아져 들어오니 문을 열 수도 없고, 그냥 있을 수도 없고 해서 나는 한참을 서서 바라만 보았다.

고물이 다 된 오르간을 우선 번쩍 들어 강단쪽에다 올려놓았다.

밖에는 소낙비가 언제부터 쏟아졌는지 출입문 가까이 가서 귀를 대고 듣자니 도랑물 소리가 요란하다.

미친놈처럼 떠다니는 방석을 하나씩 건져서 오르간 옆으로 던졌다. 바닥에 깔았던 비닐장판도 멋대로 떠다니기 시작했다. 한 조각, 두 조각, 일곱 조각이다.

신발장에 있던 떨어진 구두가 떠다니기 시작한다. 그 다음엔 태영(아들)이의 운동화 짝이 떠다니고, 아내가 그렇게 아끼던 2천 원짜리 여름 샌들이 함께 항해를 한다.

'아차, 이것 봐라!'

아내의 신발과 태영이의 운동화 짝을 보고 있다가 깜짝 놀라 방문을 열어 젖혔다.

"여보, 일어나!"

"태영아, 일어나!"

이미 물이 장롱 서랍까지 차올랐는데도 아내와 태영이는 세상 모르고 물구덩이에서 그래도 자고 있다.

아내를 번쩍 일으켜 세우고, 태영이도 일으켜 세웠다.

"아니! 이게 무슨 일이요?"

아내는 내 손을 잡고 기가 막히는 듯 할말을 잊고 말았다.

태영이의 책가방이 물에 떠다닌다.

그나마 없는 살림이지만, 이 한밤중에 내다 놓을 자리도 없다. 구석에 쌓아놓았던 책 무더기가 갑자기 쓰러졌다. 물에 잠겼다.

무엇부터 손을 써야 할지 그저 멍멍했다.

밖에는 여전히 섬광이 번쩍거리며 금방 하늘이 내려앉을 듯 천둥소리가 요란하고, 비는 연방 쏟아졌다.

태영이를 안아다가 강단에 앉혀놓고, 창을 뛰어넘어 부엌으로 나갔다. 번갯불에 비치는 틈을 타 대야를 찾았다. 물통(양동이)을 찾으니 없다. 처마 물에 떠내려가는 물통을 가까스로 집어 들었다.

다시 방으로 뛰어 들어와 예배당 출입문 가까이 다가섰다. 문설주 꼭대기에서 물이 쏟아지고 있다.

출입문을 걷어찼다. 갑작스레 황톳물이 봇도랑처럼 넘쳤다. 담벼락을 밀쳐서 무너뜨리면 물이 밖으로 빠질 것 같아서 힘껏 걷어찼으나 역부족이었다.

담 밖을 보니 호수처럼 온 동네가 물에 들어앉은 것이다. 담벽을 무너뜨렸으면 큰일 날 뻔했다.

나는 물통을 가지고 예배당의 물을 퍼내기 시작했다. 한 통 퍼가지고 계단을 올라가서 담 밖에 쏟고 오면, 예배당에는 그보다 더 많은 물이 쏟아져 들어와 있다.

그러나 계속해서 물통을 들고 계단을 올라가 물을 쏟았다.

눈물도 안 나고 아무런 생각도 없어졌다. 물이 붓는지 줄어드는지도 생각이 미치지 못했다.

한참 정신없이 물을 퍼다 버리는데 갑자기 '번쩍!' 하고 파란 번갯불이 지붕에 떨어지는가 싶더니 '꽝!' 하고 요란하다 못하여 소름이 끼치는 우렛소리가 터지며 전깃불이 꺼져버렸다. 지척을 분간하기 어렵다더니 정말 암흑이었다.

아내는 태영이를 껴안고,

"주여! 주여!"

하면서 울부짖고 있다.

어둠이 한참 지나니 익숙해진다. 다시 물통을 들

고 더듬거리며 계단을 기어 올라간다.

 내 정신은 아닌 것 같다. 누가 시키지도 않는데, 그냥 기계적으로 물을 퍼들고 연방 밖에다 쏟는다.

 온 동네가 암흑의 바다로 변하고 말았다.

 정신없이 물통을 들고 드나들다 보니 나는 찬송을 부르고 있다.

 내 주를 가까이 하려함은
 십자가 짐 같은 고생이나
 내 일생 소원은 늘 찬송하면서
 주께 더 나가기 원합니다.

 아이를 감싸고 있던 아내가 흐느끼며 같이 찬송을 부르고 있다.

 '첨벙!' 하고 물소리가 나더니 아내가 대야를 들고 물을 퍼 담아 준다.

 나는 와락! 아내를 품에 껴안았다. 아내는 온 몸이 싸늘해 오들오들 떨고 있었다.

온 얼굴이 차다.

뺨이 싸늘하다.

아내가 입은 옷에서 물이 주르르 흘러내린다.

아내의 뺨에 뜨거운 눈물이 흐르는가 보다.

따뜻하다.

"첨벙! 첨벙!"

태영이가 다가온다.

"엄마! 아빠! 어디야? 엄마 아빠 있는 데가 어디야?"

우리는 아이를 안으려다 장판에 걸려 태영이와 함께 셋이서 그대로 물 속에 주저앉고 말았다.

우리는 주저앉아 아이를 가운데 놓고 다시 찬송을 불렀다.

어두운 후에 빛이 오며
바람이 분 후에 잔잔하고
소나기 후에 햇빛 나며
수고한 후에 쉼이 있네.

나는 또 물통을 잡고 물을 퍼내기 시작했다. 아내도 대야로 물을 퍼낸다.

태영이는 문간에 서서 우리가 넘어질까봐,

"엄마! 여긴 계단이야! 아빠! 천천히~~"

하고 어둠 속에서 걱정스레 안내를 한다.

어느 새 비가 그쳤는가 보다.

캄캄하던 밤이 희미하게 밝아오는 새벽이 되어가고 있다.

아내는 부엌으로 나가 무얼 만들려고 했으나 석유곤로가 비에 젖어 불이 안 붙는다고 한다.

부엌은 정화조 탱크 위에다 슬레이트를 걸쳐놓은 곳인데, 비가 오고 나니 냄새가 진동을 한다.

아침이 왔다.

강단에 걸터앉아 잠시 쉬다가 뒤로 벌렁 누웠다.

밤새 지친 몸에 한기가 든다. 잠이 쏟아진다.

잠깐 눈을 붙이고 일어나야겠다고 생각하니 금세 잠이 온다.

"에라! 모르겠다."

그대로 눈을 감았다.

아내와 태영이는 어딜 갔는지 조용하다. 밖에서 울어대는 맹꽁이 소리를 자장가 삼아 그대로 뻗었다.

"여보, 여보! 아침 식사하셔요!"

축 늘어져 까딱도 못하겠는데 아내가 자꾸만 흔들어댄다.

어디서 끓여왔는지 라면 한 냄비를 코앞에 갖다댄다.

"태영인 어디 있소?"

"가게 집에서 자고 있어요."

"당신 안 먹우!"

"먼저 드세요."

우린 강단에 주저 앉은 채로 훌쩍거리며 아침 식사를 마쳤다.

우리 교회는 아직 십자가도 없는 교회다. 3층 옥상에다 십자가를 좀 세우자고 했더니 건물 주인이 3

층에 사는데, 3층이 예배당인 줄 알고 자꾸만 사람들이 올라온다면서 한사코 못 세우게 한다. 그도 그럴 법한 소리 같다.

그러나 어떡하랴.

십자가 없는 교회라니!

길바닥에 세울 수도 없고, 서울에 있는 영생예술공사에 무조건 전화를 했다. 십자가 철탑을 하나 세워 달라고.

우리 부부가 하루 종일 돌아다니며 축호전도하는 것보다, 빨간 네온 불빛 십자가의 전하는 복음이 나는 더 영향력이 있다고 생각했기 때문이다.

주일날이다.

어른 아이 할 것 없이 몽땅 모여도 열다섯 명도 안 된다. 아직도 눅눅한 바닥에 앉아 예배를 막 시작했는데, 출입문이 열리더니 웬 남자 두 분이 구두를 벗고 맨 뒷자리에 앉는다.

처음 나오는 사람 같다.

아니다, 한 사람은 아는 사람 같았다.

수난受難에서 / 너희들은 이 세상의 어려움을 아느냐?
(조르주 루오 作, 프랑스, 1939)

다른 교회는 이미 통일찬송가를 다 구했지만, 우리는 아직 통일찬송가를 구하지 못한 터라 광고시간에 찬송가 구입을 공동으로 하려고 하니 대금을 다음 주에 가져오라고 했다.

설교를 하고 헌금을 하는 시간인데 두툼한 봉투가 올라왔다. 서울에서 온 사람이 한 것으로 되어 있다.
예배가 끝나고 뛰어나가 보니 그 두 분 신사가 다름 아닌 옛날 신학교 동창인 이창희 목사와 김인식 형이었다. 반갑기도 하고 부끄럽기도 하고 눈물이 나기도 하였다.
점심 식사를 나누면서 김인식 형은 찬송가 20권을 보내주겠다고 약속을 했다. 그들이 떠날 때 내 손을 무척이나 오랫동안 잡고 놓질 않았다.
하루는 예배 시간에 어떤 몸집이 큰 젊은 한 사람이 오토바이를 타고 교회 앞에 와서 내리더니 들어온다.
알고 보니 그 사람은 수원에서 목회하는 김재명

목사 동생인데 내가 개척교회를 한다는 소식을 듣고, 가까이 있으니 자리라도 채워주라고 해서 왔다면서 인사를 했다.

주일학교 어린아이들이 하나 둘 불어나기 시작했다. 아내는 율동하고 나는 다리가 뻣뻣해지도록 페달을 밟으면서 오르간을 쳤으나 엉망이었다.

아이들은 모이기 시작했는데 교사가 없다. 큰 교회는 수십 명씩 교사가 있고, 그래도 남아서 보조교사에 견습교사까지 있는데, 우리는 정말 고민하지 않을 수 없다.

젊은이들은 큰 교회를 찾아 나가지, 우리 같은 냄새나는 지하실 예배당에 나올 리가 없다.

교회 나오는 가정에 '상기'라는 고등학생이 하나 있기에 붙잡아 끌어내 왔다.

며칠 후엔 자기 친구 '홍제'와 '영길'이를 데리고 나왔다.

어느 날, 세 학생이 우리 집에 있는데(집이래야 지

하실 방) 신문 돌리는 아이가,

"신문 왔습니다."

하고 돌아 나간다.

"빨리 가서 저 학생 붙들어 와!"

학생들이 급히 뛰어나가서 아까 신문을 넣고 나가던 여학생을 데리고 왔다. 한창 바쁜 시간이라 인사만 하고 교회 나올 것을 권면했더니 생각해 보겠다며 갔다.

신문을 가져오는 키가 작은 여학생은 바로 언덕 너머에 있는 은혜여고 학생이었다.

다음 주일이 다가왔는데 토요일 오후에 그 여학생이 신문을 넣고 나가다가 나와 만났다. 신문 배달을 끝내고 다녀가라고 했더니 한 시간쯤 후에 다시 찾아왔다.

집은 평택인데 2학년 학생이고, 가정 사정이 조금은 넉넉지 못한 것 같으나 눈망울이 빛나고 야무져 보였다.

'영호'라고 하는 이 여학생이 나오고서부터 또 자기반 친구들을 일곱 명이나 전도해 왔다.

그래서 이들 중에 남자 네 명과 여자 네 명을 매주일 한 시간씩 속성 교육을 하여 교사라고 이름을 불러주며, 아이들 앞에 세웠다.

아이들 다섯 명씩 붙여주고, 예배시간에 출석 부르고 나면, 뒷산에 데리고 가서 놀다가 보낸다.

몇 천 원 안 되는 찬송가 궤도를 하나 준비하지 못해서 창호지를 사다놓고 매직펜을 가지고 한 장 한 장 찬송가를 썼다.

나는 찬송가를 쓰면서 내 전력을 다 쏟아야 했다.

아이들 마음은 아름답기 그지없는데 글자 한 자라도 아름답게 써야 할 것 같았기 때문이다.

나의 비뚤어진 글씨를 보면, 아이들의 아름다운 마음이 비뚤어질 것이 분명하다.

하루는 지역에 교역자 모임이 있으니 참석하라는 연락이 왔다. 별로 마음에 내키지는 않았다.

그러나 교회를 개척하는 입장에 이웃에 있는 교역자들과 언젠가는 인사를 나누어야겠기에 초라한 모습으로 나갔다. 교회에서 모이는 줄 알았더니 음식점에서 모였다. 교역자 모임에 처음 입회하는 사람은 입회비가 있다고 했다. 나는 무척이나 당황했다.

주머니 속에는 입회비만큼의 돈이 없었다. 모인 교역자들은 외모도 깨끗하고, 얼굴도 훌륭한데 나 혼자만 못난 것 같았다.

이듬해 봄이 왔다. 2층에 세 들어 있던 사무실이 다른 곳으로 이사를 나갔다. 50평이나 되는 넓고 밝은 2층이 텅텅 비어있다.

이사 간다는 이야기를 듣고 난 그날 저녁부터 한 잠도 안 자고 하나님께 부르짖었다.

"하나님! 2층에 있는 사람들이 이사 간답니다. 다른 사람들이 얼씬도 못하게 합소서. 우리 '반석'교회가 이 지하실을 벗어나 2층으로 가겠습니다."

얼마나 울었는지 모른다.

아내도 울고, 나도 울고, 교인들도 함께 울었고, 주일학교 아이들도 울었다.

벌써, 주인은 아무리 돈을 더 준다해도 2층에서 교회를 할 수 없다고 묻지도 않은 대답을 했다.

그 이유는 자기네 3층이 밤낮 시끄럽다는 것이다.

2층에는 세 들었던 사람들이 이삿짐을 챙겨 떠났는데 다른 사람들은 들어오지 않는다.

한 달이 지나도 이사 오는 사람이 나타나지 않는다.

주인은 복덕방마다 내 놓고 백방으로 입주할 사람을 찾아도 한 사람도 얼씬하지 않는다.

우리는 맹렬히 기도했다.

주인은 건축업을 하는 사람이라 집짓는 목재를 마당에 수북하게 쌓아놓았는데, 지난 밤에 갑자기 소나기가 쏟아져서 고급 목재가 비에 흠뻑 젖었다.

그런데 간밤에 쏟아진 소낙비 때문에 우리 지하실 예배당에 또 흥건하게 빗물이 새어들었다.

아내는 하루가 저문 저녁에 용기를 내어 3층 주인에게 올라가서 사정얘기를 해보자고 자꾸만 졸랐다.

할 수 없이 내가 없는 돈을 긁어모아 일 년 내, 입에 넣어보지도 못한 과일을 최고품으로 듬뿍 샀다.

이튿날 저녁을 먹고 나서 식구들이 다 모였을 때 가서 부딪혀 보자고 올라갔다.
마음에 조바심은 비할 데 없다.
벨을 눌렀다. 가정부가 나오더니 목사님이 올라오셨다고 전갈한다.
주인 내외가 다 있는 줄 알았더니 남편되시는 어른이 있고, 아주머니는 마침 집에 없다.
그래서 우리의 딱한 사정을 꾸밈없이 얘기하고 내려왔다.
이 주인댁은 집안 일의 결정권은 남편보다 아내 쪽에 전폭적으로 있는 것 같았다.
힘없이 지하실에 내려와 밤새껏 울었다.

수난受難에서 / 여기에 이 세상은 없어지고 새 세계가 탄생했다
(조르주 루오 作, 프랑스, 1939)

기도는 앞뒤 가릴 여유가 있을 때 나오는 것이지 막다른 골목에 다다르니, 그저 강단에 엎어져서 울 수밖에 없었다. 들리는 말에는 2층을 5백만 원에 세놓는다고 했다는데, 교회는 돈이라고는 오늘저녁 사간 과일 값이 전부였다. 낯선 이방 땅에서 누구에게 빚을 얻을 수도 없고, 누가 빌려 줄 만한 사람도 없다.

교회 나오던 사람 중 할머니 한 분은 지난 연말 성탄절 때 이웃 큰 교회에서 나누어 주는 라면 한 상자를 받고는 그 교회로 아주 옮겨가고 말았다.

그래서 불쌍한 처지이기에 어느 날 심방하면서 자전거에 라면 한 상자를 일부러 갖다 주었다.

아침 해가 솟았는지도 모르고 밤새 울다 지쳐 쓰러졌는데, 주인댁 가정부가 내려와서 3층으로 올라오라고 했다.

주인 아주머니 왈,

"아무래도 내 마음이 편치 못해서 안 되겠다. 비어 있는 2층을 두고, 습하고 물 나는 지하실에서 고생하는 게 도리가 아니다." 하며 당장 2층에 올라와서 예배를 드리라고 한다. 나는 그 자리에서 통곡할 뻔했다.

이런 걸 갖고 기도의 응답이라고 하는가 보다. 돈 한 푼 더 내지 않고, 고스란히 햇빛 밝은 2층으로 신나게 짐을 옮겼다.

그날 밤은 도무지 잠을 잘 수가 없었다. 불을 켜지 않아도 가로등 불빛이 밝아 그냥 좋았고, 밤하늘의 별빛이 더욱 신비해 보였다.

창문을 열고 마치 빌딩 꼭대기라도 올라 서 있는 것처럼 신기하게 아래층을 내려다봤다.

지난 여름밤 폭우가 쏟아지던 날, 물 속에서 뒹굴던 생각이 났다. 그날 밤은 울지 않았는데 이 밤은 한없이 울고 싶었다.

김재명 목사의 동생인 삼명 씨가 놀랍게도 헌신적으로 교회를 돕고 있다. 그는 자기 집을 새로 건축하면서도 틈틈히 최선을 다해 교회를 돕고 있다.

어느 날 주일, 얼굴이 사색이 된 중년여인을 복스럽게 생긴 딸인 듯한 고등학생이 부축하여 간신히 계단을 밟고 올라왔다.

듣자하니 이웃 교회에 나가던 분인데, 몸에 질병을 가져 본 교회에 못 가고, 가까운 우리 교회로 나왔다고 하면서 하루 하루를 힘겹게 살아간다고 했다.

본 교회가 있는 사람이라 무례하게 심방을 하기도 그렇고 해서 3개월을 그냥 지나치고 있는데, 그 동안 매주일 모녀가 예배에 정성으로 참여했다.

그는 윤○○이라고 하는 집사인데, 계속해서 교회를 나오더니, 자신도 모르게 건강이 점점 좋아져, 이젠 완전히 회복되어 다섯 자녀를 양육하며, 남자들도 하기가 힘든 쌀가게를 내어 열심히 하고, 자전거를 타고 직접 배달까지 하는 기적이 일어나 건재하고 있다는 사실이다.

윤○○ 집사는 서울 대방동에 있는 공군병원에서 치료를 받아왔는데, 몸이 건강해져서 병원에 가서

인사를 드렸더니,

"과연 당신의 하나님은 살아계십니다."

하고 모두들 기적이라고 놀라워했다고 한다.

  여름만 되면 미군들이 마을에 좋은 집들을 차지하고는, 옥상에 올라가 벌거벗고 디스코 춤을 추고 미친 짓을 한다. 온 동네가 들썩거려도 누구하나 시끄럽다고 말하는 사람이 없다.

  하룻밤은 여자의 비명 소리에 한 잠도 못 잤다. 아마 미군 병사가 한국 젊은 여자를 두들겨 패는 모양이다.

  아침이 밝았는데도 골목 밖에까지 나와서 싸우고 난리가 아닌가. 하도 요란하기에 나가보니 새까만 흑인병사가 한국 젊은 여자의 머리채를 휘어잡고 마구 흔들어 댄다.

  나는 생전처음 보는 일이다. 갑자기 눈에 불이 나고 심장이 뛰기 시작했다.

  '저걸……!'

지하실 입구에 세운 십자가
반석교회 앞에서
아들 태영

  눈물이 쏟아졌다. 얼마나 돈이 궁했으면 저런 흑인한테까지 밤새 얻어맞고 끌려다니는지 싶어 그 젊은 여자가 너무 불쌍해 보였다.

  '정신 차려라!'

  속으로 중얼거렸다.

  한없이 마음이 슬퍼졌다.

가끔 동역자들이 모이면, 이 도시를 소돔 고모라의 현대판이라고 서슴없이 말한다. 기지에서 미군들이 갖고 나와 뿌리는 '달러' 때문에 살아가고들 있는 것이다.

교회가 아직 걸음마도 못하는 단계라 생활비는 예산에도 없다. 전에 아내가 열심을 내던 노량진에 있는 강남교회 여전도회에서 세숫대야만한 벽시계를 하나 걸어주고 갔다.

본 교회 전도활동도 바쁠텐데 올 때마다 빈손으로 오지 않고 정성을 다해 보살펴 주었다.

큰동서가 방배동에서 우리보다 3년 먼저 교회를 개척했는데, 자기네도 헐벗고 있으면서 불시에 찾아와서 보살펴 주고 갔다.

하루는 내가 외출하고 돌아와보니 지하실 출입문 위에다 난데없는 알루미늄 십자가를 세워놓았다.

서울(영생예술공사)에서 네온 탑을 설치하려고 와서 옥상에 올라갔다가 집 주인에게 혼이 나고, 마지

못해 지하실 입구에다 십자가만 간신히 세워놓고 갔던 것이다.

그러나 그 십자가 네온 불은 우리 주님의 보혈만큼이나 붉게 빛났다.

지나가는 사람들이 지하실 문턱 위에 세운 십자가를 보고 깔깔거리며 웃기도 하고, 이런 저런 핀잔을 했다.

그래도 우리는 기뻤다.

마음까지 빨갛게 물들이는 십자가를 바라보며, 갈보리 산에서 피 흘리신 주님을 가까이서 모시는 듯 했다.

십자가를 세워 놓고도 지하실에 있는 우리가 너무 불쌍했던지 돈 받을 생각도 않고 가 버렸기에 후일에 전화를 했더니, 좀 더 훌륭한 십자가를 세우지 못해서 미안하다며, 전광배 장로(당시)님이 극구 대금을 그만 두라고 했다.

우리는 저녁마다 밤새도록 붉은 십자가를 밝혀 놓고, 그 십자가를 볼 적마다 고마움을 베푸신 전광배 목사님을 위해 기도했다.

해만 뜨면 밀짚모자를 눌러 쓰고 자전거를 타고 심방을 나간다.

 한번은 태영이의 자전거가 없어졌다. 간밤에 누가 가져간 모양이다. 아이는 울상이 되었다.

 그날 저녁 내 마음에 자꾸만 시장엘 나가고 싶은 충동이 왔다. 틀림없이 태영이의 자전거를 찾아낼 것 같은 감이 부딪쳐 온다.

 자전거를 타고 석양녘에 시장엘 나가니 와글와글 사람들이 많기도 했다. 우체국 길을 막 돌아서는데 앞에 가는 아이가 자전거를 타고 간다.

 '아! 바로 저것이다…!'

 앞서가는 아이를 불러 세웠다.

 열다섯 살쯤 되어 보이는 아이가 겁을 먹고 멈칫 섰다.

 "너, 자전거 어디서 났니?"

 "제 친구 자전거예요."

 "네 친구 집이 어디냐?"

 자전거를 땅바닥에 냉동댕이치고 아이는 부리나

케 도망을 쳤다. 얼굴도 반반하게 생긴 아이가 밉지는 않았다. 시장 길에 사람들이 무슨 일인가 하고 모여 섰다가는 "고얀 놈!"하고 흩어진다.

나는 두 자전거를 끌고 집에 돌아왔다.

태영이와 아내는 신기해서, "어떻게 찾았느냐?"고 야단이다.

그러나 나는 자전거를 찾은 기쁨보다는 내 마음에 확신을 주신 하나님의 사랑에 더욱 감사했다.

"시장에 나가라! 나가면 자전거를 찾을 것이다."

소리 없는 주님의 감동의 목소리를, 내 영혼에 들려 주시는 그 감동을 아마 오래도록 잊지 않고 기억할 것이다.

성도들이 몰려와서는,

"어떻게 이 살벌한 국제도시에서 도적맞은 물건을 찾았느냐?"고 신기해했다.

소문이 나서 잘못하면 도적 잡는 경찰이 될 뻔했다.

성도들 중에는 크거나 작거나 잡다한 살림살이를 펴놓고 사는 고만고만한 사정의 가정들로 자기 집을 가진 사람이 한 가정밖에 없다.

양 집사라는 분이 있는데 무척 고달프게 살고 있다.

새벽부터 저녁까지 장사를 하여 시장에서 노점을 벌여놓고, 한푼씩 벌며 살아가는데 매우 가냘프게 산다.

한번은 살던 곳에서 이사를 했다고 하여 심방을 가서 좁은 방에서 무릎을 맞대고 예배를 드렸다.

방의 형편이 젊은 성도들 같으면 마주 앉아 있기에도 아주 입장이 곤란할 정도로 옹색한 방이다.

한참 예배 중인데 갑자기 문 앞에서 폭음이 터진다.

너무 놀라서 엉겁결에 서로 부둥켜안고 말았다.

정신이 아찔한 순간이었다. 무슨 일이 단단히 벌어지는 모양이다.

다음 순간 분명히 아수라장이 되었거나, "죽네! 사네!"하는 아우성 소리가 날 법도 한데 조용하기만 하다.

"집사님! 이 무슨 소리요?"

양 집사님이 "깔깔깔" 웃는데 허리를 잡고 주체를 못한다. 그 좁은 방에서 무릎을 맞대고 앉아 예배하던 다섯 사람이 서로 부둥켜안고 너무 놀라 그냥 멍하니 앉아 있으니 그럴 법도 하다.

그 폭음소리는 문간 벽 하나를 사이에 두고 옥수수 튀기는 공장이 있어서 바로 옥수수 튀기는 소리였다. 그러고 보니 이내 온 방 안에 옥수수 튀긴 내음이 고소하게 밀려들었다.

이사 심방을 하다가 까무러쳐 간이 떨어질 뻔했다.

양 집사님은 이사 후, 며칠 지나고 보니 이젠 귀에 익었는지 '꽝!'하고 터지는 폭음 소리가 '얼마쯤 있으면 나려니'하고 제법 시간을 맞히기도 하면서 별로 놀라워하지도 않았다.

한번은 심방을 하고 돌아오니 어쩐지 집 안이 어수선한 것 같다. 별로 달라진 것은 없는데도 말이다.

내가 말을 했다.

"아차! 여보, 당신 시계 어디 두고 다니는 거요?"

"화장대 거울 앞에 있을 걸요?"

눈에 뵈지 않는다. 서랍을 뒤지니 전자계산기가 보이지 않는다. 누가 분명히 다녀간 것이다.

'누가 다녀 갔을까!'

두 눈을 감고 명상에 잠겼다. 이건 틀림없이 교회에 드나드는 사람이 저지른 소행 같다. 한 사람씩 얼굴을 떠올리며 교회에 나오는 사람을 훑어가는데 확신이 오는 초등학생 아이가 잡힌다.

'그렇다! 그 놈이구나!'

그러나 주일날까지 기다려도 시계와 계산기가 돌아오질 않는다. 그 아이가 교회를 빠지고 안 나왔다.

여섯 형제가 다 나오는데 그 아이만 집에서 교회 간다고 하곤, 교회는 안 나왔다.

수요일 밤이다. 예배가 끝나고 조용히 그 아이 어머니를 불렀다. 웃어가면서 말을 빙 돌려 조심스럽게 얘기를 했더니 아이 어머니는 놀라 펄쩍 뛴다.

"우리 아이가 그랬군요!"

나의 말이 채 끝나기도 전에 아이가 저지른 실수를 사과하느라 어쩔 줄 모른다. 자녀가 많다보면 그런 엉뚱한 아이도 있는 모양이다.

그 다음날 고스란히 찾아다 주었다.

"왜 가져갔느냐?"

아이에게 따져 물으니 여자용 시계가 자그맣고 예뻐서 가지고 싶었고, 전자계산기는 학교에서 산수시간에 계산하려고 가져갔다고 태연히 얘기하더란다.

그 가정은 우리 교회에서 가장 멀리 떨어진 산 밑에 지어진 무허가 집으로 지난 가을에 지은 것인데 방이 양쪽에 두 칸이고, 가운데 부엌이 있는 세 칸짜리 슬레이트 집이다.

나는 때도 없이 자전거를 타고 그 집에 심방을 했다. 아이들은 다 고등학교, 중학교, 초등학교에 나가고 집 안은 텅 빈 날이 거의 매일이다.

아무도 없는 빈집 처마 밑에서 가정을 위해 한참씩 기도를 하고 뒤돌아선다.

수난受難에서 / 풀에 샘물이 속삭이듯 (조르주 루오 作, 프랑스, 1939)

하루는 막 기도 중인데 일 나갔던 남편이 돌아오다 내 모습을 본 모양이다. 교회는 안 나오지만 온 식구들을 모두 다 나가도록 배려해 주는 사람이다.

무언가 가슴에 와 닿았는지 정말 고마운 얼굴로 인사를 해왔다.

한 달이 가고 두 달이 가매 몇 사람씩 늘어났다. 아직은 개척교회라 교회 모습이 안 갖추어져서 그런지 병들고 고난 중에 빠진 그야말로 삶에 지친 사람들이 찾아 나왔다. 부자 교회에 가고 싶어도 입을 옷이 변변치 못해서도 못 가는가 보다.

우리 집은 예배당이요, 집인 까닭에 늘 아이들과 성도들이 끊일 날이 없다.

때가 되면 국수도 삶아 먹고, 라면도 끓이고, 찬밥도 남아있을 날이 없는 게 그렇게 흐뭇할 수가 없다.

언제나 남에게 베풀까 싶어서 그런지 아내는 늘 부엌에서 뚝딱거리며 야단법석을 피우고 대접하길 좋아한다.

9월이 어지간히 깊어 가는 날이었다. 갑자기 예고도 없이 동서되는 한 목사가 내려왔다.

사연인즉 노회에 함께 있던 은사요, 존경하던 목사님께서 갑자기 별세하여 노회장으로 내일 장례가 있으니 서울에 올라가야 한다는 것이다.

전보를 했다는데 받질 못한 터에 깜깜하게 모르고 있었으니, 전화도 없고 하여 직접 내려왔단다.

목요일에 세상 떠나고 토요일에 장례를 치렀다.

내일은 주일인데 돌아가신 목사님의 교회는 당장 강단 지킬 사람이 없다는 것이다.

장지에서 갑자기 노회 어른들이 모여,

"소망교회의 주일 예배를 어떻게 드릴 것인가?"

의논하게 되었다.

아무도 자기 섬기는 교회를 두고 선뜻 나서는 사람이 없다. 나중에는 날 보고,

"당신은 돌아가신 목사님의 제자였으니까 그분의 흉내라도 우리보다는 잘내지 않겠소!" 하며 강제로

내일 주일 예배를 집례하란다.

그럼 우리 조그만 개척교회는 누가 설교한단 말인가. 한 번도 비운 적이 없는데 말이다.

목자가 자기 목장을 비우고 남의 목장에 가서 일한다는 것은 너무 상식 밖의 일이다.

아무리 사양해도 막무가내로 내게 예배인도의 책임을 떨어뜨렸다.

집에 돌아오면서, '그래! 한 번만 해드리자!' 입술을 깨물었다.

토요일 저녁 늦게서야 김삼명 선생을 찾아갔다. 사정 이야기를 하고 그에게 주일 예배를 인도하도록 부탁했다.

사실 삼명 씨는 수년 전에 대전침례회 신학을 졸업한 사람인데, 송탄 시청에서 근무하고 목회는 아직 안하고 있기에 어렵지만 일단 부탁을 했다.

삼명 씨의 두 분 형들은 모두 다 침례교단의 목사로서 한 분은 미국에 있다.

이튿날 서울로 왔다.

어제 장례식 때 처음 와 보고 이번 주일에 두 번째 왔다.

나는 머리가 곱슬머리라서 항상 주일에 아내가 헤어드라이어로 헝클어진 머리를 펴 주어야 한다.

머리손질을 안하고 그냥 두면 볼썽사납기 그지없다. 아침 일찍 머리만 감고 주일이지만, 서울 와서 교회 근처 이발소에 가서 머리 손질을 할 생각으로 교회 앞까지 왔는데, 예배시간은 촉박한데 '아뿔사!' 이발소 문들이 다 닫힌 게 아닌가!

이 골목 저 골목을 뛰어 다녔으나 모두 다 '쉬는 날' 표지가 붙어 있다. 온 몸에 진땀이 난다. 할 수 없이 가게 창문 앞에 마주 서서 머리를 쓰다듬어 보았지만 낭패가 아닐 수 없다.

어찌나 머리카락이 형편없던지 아무래도 이대로는 단상에 설 수가 없을 것 같았다. 그렇다고 차를 타고 멀리 나갈 시간이 없으니 더욱 막막했다.

그런데 마침 여자들이 이용하는 미용실 문이 빠끔히 열려 있다. 그나마 다행이다 싶어 염치 불구하고 뛰어 들어가 의자에 앉았다.

'젊은 청년도 아닌데 웬일인가?'

미장원에서 일하던 사람이 쳐다본다. 총각들은 가끔 미장원에 가서 커팅을 한다는 얘기도 들었기에 용기를 냈던 것이다.

머리손질을 부탁했더니 머리가 너무 억세어서 그냥 안 된다고 불에 달군 쇠집게로 감아 붙인다.

머리 밑이 어찌나 뜨겁던지 겁이 나서 몸을 사릴 수밖에 없었다. 급히 서두느라고 뜨거운 쇠꼬챙이가 살에 닿아 기겁을 했다.

가만 보니 집에서 아내가 매만지는 실력보다 못한 것이다. 대강 머리를 만지고 부랴부랴 교회로 달려왔다.

교회는 예배 인도자가 시간이 임박해도 안 나타난다고 안절부절 못하고 있던 순간이다.

미장원 때문에 위기를 모면한 사실을 나는 하나님께 감사했다. 예배를 끝내고 식사 후 이내 돌아왔다.

'그런데 이게 그렇게 될 줄이야!'

내가 주일 예배를 인도한 뒤에도 계속하여 예배 때마다 강사를 초청하고 간신히 그날 그날을 지나는데 성도들이 하나, 둘 흩어지기 시작한 모양이다.

갑자기 교역자 구하기가 어려운 모양이었다. 목사는 많은데 막상 모시려면 힘들다는 것이다.

이로부터 한 달 뒤 나는 우리 '반석'교회 후임에는 아주 훌륭한 목사님을 노회에서 보내기로 되어 있었다.

차라리 예배당 건물이라도 버젓이 세우고 떠난다면 가슴이 이토록 저미지는 않을 것이다. 이제 겨우 얼굴 익히고, 이름 기억하고 나니 하나님은 가라고 명을 내리셨다.

마치, 어린 자식을 남겨놓고 돌아오지 못할 길을 떠나는 과부 어머니의 가슴이 이렇게 미어질까 싶다.

1984년 10월 19일 그간 정든 교회를 떠나 다시 북적대는 서울로 왔다.

나보다 먼저 목회 경험이 있는 아내는 목회자는 다 그런 가슴 아픔을 지니고 살아야 한다며 오히려 위로해 주었다.

그리운 사람들

피를 나눈 형제보다 두고 온 그들이 왜 이리 사무치게 그리운가.

가끔씩 들려오는 소식엔 다들 평안하게 살고 있단다.

어쩌다 볼 일로 근처를 지나게 될 적엔 고향집을 지나치듯 그때 그 얼굴들이 눈앞에 어른거린다.

사랑하던 그들과 땅에서 만남도 반갑겠지만, 저 하늘에서 만나는 기쁨이 더욱 크기를 소망하면서 사랑하는 영혼들을 위해 새벽마다 엎드리며 기도하련다.

반석 위에 세운 그들의 신앙, 주를 닮아 사는 그들의 영혼을 위해…….

부름 받아 나선 이 몸
어디든지 가오리다.
주님 날 부르시면…….

추풍령 뻐꾸기는 울고 있겠지!

아내에게 띄우는 편지

여보! 보름이 지나면 우리 아들 태영이가 목사 안수를 받는다고 하오. 당신이 40년을 하루같이 무릎 꿇더니 또 하나의 기적이 일어나고 있소.

내가 목사가 된 것도 우리 고향 동네서는 기적이었는데 말이오. 그래서 당신 무릎이 그리도 아프고 상했나보오.

전에는 가끔 집을 나서면 나보다 늦게 도착하는 편지도 부치곤 했는데 요즘은 까맣게 잊고 산 지가 퍽이나 오래 되었구려.

 추풍령 푸른 산길을 걸을 때 숲 속 어디선가 울어대던 뻐꾸기 울음소리 기억나오? 지나온 그날들이 무척이나 오래지만 엊그제만 같소.

삼선봉 기슭에서 당신 손을 처음 잡던 그 밤길은 우리들의 새 역사를 쓰기 시작했었지요.

커다란 창고 옆에 붙은 사택에서 가난스레 살 때 안방으로 새어든 연탄가스 마시고 축늘어진 당신을 안고 얼마나 당황했는지, 지금도 생각하니 소름끼치는 사건이었지요.

충청도 중원군 그 촌락에서 당신의 가녀린 손가락으로 블록을 찍어 세운 그 예배당은 아마도 예루살렘 솔로몬의 전殿보다 더 귀한 것일 겁니다.

송탄, 지하실의 물난리는 우리를 땅바닥까지 낮추시는 그분의 아름다운 시련이었음을 고백할 수밖에 없소.

신탄진, 단칸방에서 고구마, 감자를 삶아 먹으면서도 그리도 행복했던 그 날들이 자랑스럽기만 하오.

둘이서 자전거 타고 배추, 무 밭에 찾아가 버려진 배춧잎, 무를 주워오던 그날들…….

우린, 어지간히도 미친 사람들이었소.

아골 골짝 빈들에도 복음들고 가오리다
소돔 같은 거리에도 사랑 안고 찾아가서
종의 몸에 지닌 것도 아낌없이 드리리다
종의 몸에 지닌 것도 아낌없이 드리리다
외치면서 뛰고 뒹굴던 숙생塾生이었오.

무더운 여름이면 황톳길을 걸어 천 리고 백 리고 노방전도로 방학을 대신하고, 겨울이면 눈보라 속에 동계전도에 헌신했던 아름다운 청춘이었소.

이 세상 어디에서 그토록 보람된 연성練成을 받을 수 있겠소. 언젠가? 큰일 날뻔했었지요.

봉천동까지 밀려와 살 때 다섯 살배기 태영이가 집 나간 줄 모르고 있다가 망연자실해서 허겁지겁대던 날… 파출소에서 지쳐 잠든 아이를 찾아오던 그 아찔한 세월이 잊히질 않소.

여보! 정말 미안한 게 있소.
11월 30일 기억하시죠? 모질게도 추웠던 그날 강

남교회당에서 결혼식을 하고나서 우리의 신혼여행은 강원도 철원에서 근무하는 삼촌부대를 찾아 면회를 갔었소. 있을 수 없는 사건이었소!

이 빚을 평생 어떻게 갚는단 말이오. 당신은 조금도 싫다는 내색도 없이 선뜻 따라나섰는데 어쩌면 그토록 바보스러웠소.

그러고 보니 우린 신혼여행을 지금껏 가지 못했소. 그러고도 이 몹쓸 인간이 얼굴 들고 사는 걸 보면 아무래도 제 정신이 아닌 것 같소.

내가 당신께 준 것은 몇만 원짜리 저금통장 하나밖에 없구려.

당신은 늘 병약한데도 어쩌면 그리도 강하단 말이오.

그 옛날 눈 오는 겨울날에 하얀 뜨개 모자를 머리에 쓰고 애향촌 비탈길을 오갈 때 그 모습에 내가 뿅 갔었소.

시골 부모님께 인사하러 갔던 일이 생각나오? 벽지도 바르지 않은 초가집 작은 방에서 고구마섬이 무너질까 겁에 질려 있던 당신 얼굴이 무척이나 힘들어 보였었소.

사실 시골집의 초라한 모습을 당신에게 보여주는 것이 죽기만큼이나 싫었고, 창피해서 고민이 많았던 걸 당신은 몰랐을 거요.

한 식구가 되고나서 당신은 막내 시동생에게 운전면허 따야 한다고 학원에 등록시켜서, 거뜬하게 운전면허를 받도록 배려해 준 사실은 두고두고 감사하오. 그게 벌써 40년 전 일이 아니오!

당신보다 내가 열 배나 건강한데도 벌써 세 번이나 병원신세를 졌소. 뒷바라지 때문에 무척이나 힘들었겠소. 때마다 당신이 옆에 있어 주어서 난 아무런 불편 없이 세상에 나보다 자유 분방하게 살아가는 사람이 또 있을까 싶소.

언젠가, 당신이 저만큼 앞서 걸어가는 모습을 지켜보며 걷다가 눈시울이 뜨거워졌었지, 당신의 걸음걸이가 옛날 같지 않았지.

지난 날 종아리가 보일 듯 말 듯 바바리 코트를 걸치고 생동감 넘치게 걸어가던 모습이 아니었어.

 한없이 지쳐 몸을 가누기가 힘들어서 주저앉을 듯 말 듯 힘겨이 걷는 모습에 무거운 죄책감을 어쩔 수 없었던 거야.

 언젠가 가까운 동역자들과 저 멀리 카이로 교외 피라밋 군을 배경으로 높직한 낙타를 타고 앉아 그리도 해맑은 웃음으로 기뻐하던 당신 모습이 정말 좋았었지.

 홍해, 바닷가에서 따뜻한 온천수에 발을 담그고 노니는 고기 떼를 신기하게 바라보던 석양녘은 얼마나 행복했었나!

 여보! 시내 산 기슭의 별밤을 영원히 잊을 수 없잖아. 금방 별 떨기가 둘렁둘렁 쏟아질 것 같았던 그 깊어가던 사막의 별밤 말이야.

 새벽 미명에 산장을 나와서 어둠을 헤치고 어딘지도 모르고 가이드를 좇아 오르던 시내 산 등정은 정말 환상이었어.

1월, 하얗게 눈 덮인 산길에 굴러다니는 돌맹이를 잘못 디뎌서 몇 번이고 주저앉으며 그냥 올랐었지.

당신은 그 새벽에 영감이 충만해 방언을 하며 누구보다 제일 먼저 앞장서서 산을 올랐었지.

먼동이 틀 무렵, 그 봉우리에서 눈보라 속에 새벽을 경배하던… 아! 황홀했던 그 아침이여…….

그러고 보니 그때가 바로 우리의 출애굽이었나봐. 그분은 그 산에서 우리에게 언약의 돌판을 주셨던 거야.

며칠 후엔 베드로가 탔음직한 갈릴리 호수의 고깃배를 타고 잔잔한 물결 위로 디베랴를 지났고, 환상적인 팔복교회당에서 호수를 내려다보면서 시를 읊었잖아.

그 호숫가에서 고소한 생선을 뜯어 먹던 기억이 새롭겠지. 석양이 내릴 무렵엔 호숫가에 나가 찰싹대는 물결에 코를 가까이 하고, 어부들의 밀담을 추적하던그 시간은 2천년 세월을 소급해 달려갔었지.

여보! 요즘은 잠자리에서 당신이 자그맣게 콧소리를 내더구만. 얼마나 지쳤으면 얼마나 녹초가 됐으면 저럴까! 소리 없이 뜨거운 눈물을 삼켰었지.

당신은 왜? 자기 몸을 그토록 혹사시키는지 모르겠네. 하긴, 내가 제 몫을 못하기 때문이겠지.

당신은 나실인이 아니잖아! 왜 자꾸만 자신을 굴레 씌워 결박하고 있는지, 보고 있는 내가 얼마나 안타까운지 모르나봐.

당신이 장모님의 올곧은 삶을 따라 사느라고 그런 줄은 알아. 밤마다 남산꼭대기 바위굴에 엎드려 이 조국을 위해 울다울다 산을 내려오시던 거룩한 의인의 모습을 나도 알고 있어. 어쩌면, 그게 이 시대를 살아가는 우리가 해야 할 작은 사명일 거야.

여보! 당신은 왜 때마다 금식이야. 왜소한 그 몸뚱아리도 먹어야 하잖아. 잘 먹어도 시원찮을텐데. 너무 혹사하지 말아야 돼.

왜 하필이면 자정에 일어나 기도하는 거야. 무슨

작정기도를 일 년에 몇 차례나 하는 거야. 다 이 못난 나 때문이겠지. 당신 가슴을 누가 알겠나, 하늘에 계신 그분이야 알겠지.

이젠, 당신 아들도 홀로서기를 하고 있잖아. 어디 가서나 욕먹지 않고 제 몫을 하는 것 같고, 당신의 하나밖에 없는 며느리 윤영이도 이쁘게 잘하잖아.

그리고 또 있잖아. 초원이 녀석 얼마나 이뻐, 너무 영특해 무서울 정도잖아. 이게 모두 당신이 이룩한 삶의 성공이야.

이제 멀잖아서 우리의 주민등록을 마지막으로 옮겨야겠네. 한자리에서 30년을 살아보기는 처음인 것 같구만… 주민등록 카드에 주소란이 꽉 차서 덧장을 붙이고 살아오던 지난 날들이 그야말로 순례자의 삶이었어.

여보! 맨주먹으로 출발했던 우리가 여기까지 왔다는 사실이 기적의 연속이었지?

뒤돌아보면 우리의 발자국이 애굽이었던가, 광야

였는가. 구름 한 점 없는 메마른 세상을 어쩜 그리도 신속하게 지났는지. 에벤에셀의 돌비를 세워야겠지?

내가 엎어질 때마다, 우리가 좌절할 때마다 보이지 않지만 우리와 함께 걸어주신 그분을 찬양해야지.

나름대로 달렸잖아, 한들한들 가냘픈 코스모스 같은 모습으로 우린 달려왔잖아. 세상에 큰 미련두지 않고 버리며, 버리며 또 버리며 살아왔잖아.

우리 정말 많이 울었잖아. 밤마다 엎드려 울었잖아. 귀가 얼어터지도록 그 기나긴 겨울밤을 엎드렸잖아.

비가 내리면 비를 맞으며 걸었고, 바람이 불면 그 바람을 마주하고, 눈보라가 휘몰아치면 당연히 그런 줄 알고 걷고 또 걸었지.

그러고 보니 이젠, 느보 산을 오를 때가 된 것 같구만… 120년을 갖은 풍상에 시달리고 마지막 인생을 깨끗이 정리했던 노선지자가 저 멀리서 떠오르네.

누가 그랬던가, "나의 달려갈 길을 다 달리고 믿음을 지켰으니 의의 면류관이 기다릴 것이라고!"

면류관, 아무나 받을 수야 없겠지. 그렇고말고. "그분은 흥하고 나는 쇠해야겠다"고 끝없이 자기 성찰에 몰두했던 빈들에서 메뚜기 잡느라 바쁘던 그 형이 부럽고 부럽소.

여보! 지금껏 살아도 사랑이 무언지를 모르겠소. 정말 '사랑'이 무얼까?

이 세상 사람 모두가 그 '사랑'을 알았다면 세상이 이토록 때묻진 않았을 것인데 말이오.

사랑은 인간들에게서는 볼 수 없었음을 고백하고 싶소. 사랑은 저 하늘로서 임재하는 것 아닌가 하오.

하늘에서 갖고 와야 세상은 그 사랑으로 인해 행복해지는 게 아닌가요?

아무래도 허튼 소리만 늘어놓은 것 같소. 다시 마음을 가다듬고 그 옛날 애향숙愛鄕塾 생활로 돌아감이 좋을 듯하오.

과거막한過去莫恨이오,
현재지족現在知足이며 미래막려未來莫慮라,
경천절대敬天絶對하고 애인여기愛人如己하며,
친토일생親土一生으로 근업역행勤業力行하고,
면학종신勉學終身 해야겠소.
우린 속리이남俗離以南 백리허百里虛에서,
사방초경四方樵境 십자로十字路에,
무문도생無文道生 만방래萬方來로 출발했으니,

의역하면,
과거를 한탄하지 말고,
현재에 만족하고 미래를 염려하지 않으며,
하나님만 섬기고 이웃사랑을 내 몸같이 하며,
흙을 사랑하고 맡은 일에 성실하고,
배움에 힘써야겠소.
우리는 속리산 남쪽 백리쯤에,
나뭇꾼이 오가는 십자로에,
배움이 없는 이들이 사방에서 와서 출발했으니,

이 얼마나 행운아들이요. 우리보다 더 행복한 이들이 어디 있겠소.

당신이 한평생 날 위해 머슴노릇했으나 내가 드릴 게 아무것도 없소. 싸구려 사파이어 한 덩이로 당신을 우롱할 수 없잖아요.

 그냥, 그 큰, 고매한 사랑을 빚진 채로 이 모습 이대로 함께 동행同行하리이다.

 우리 언젠가 그 동산엘 손잡고 한번 오를까요?

 우리에게 골고다의 얼을 챙겨주던 그 동산 말이오.

 소박한 초로의 모습으로 아라랏 산등에 쌓인 흰눈처럼 하얗게 빛나는 봉우리를, 어느 날 오후, 가랑잎 휘날리는 오솔길을 걸으며 약수터에 올라 시원한 약수 한 바가지를 떠서 마시며, 청운의 꿈을 날개 펴든 사사봉士師峰을 밟고 서서 '의~악~義~惡~!'하고 평생 쌓은 악惡을 토하고, 의로움을 옷입는 멋진 심호흡을 가져 보자구요.

 웅이봉을 밟고 서서 북향하늘을 우러르고, 병풍성을 휘돌아 매돌봉을 오르면 청풍령 맑은 바람이 마중 나오겠지요.

다시 뒤돌아 삼선봉을 내려오면, 오! 그리도 오붓한 평안이 가슴에 충만할 게 아니겠소.

벌써부터 가슴이 울렁거리네요.

청바지 입고, 운동화 졸라매고 그 푸른 봉우리 밟을 생각하니 첫사랑이 손에 잡힐 듯 생생합니다.

순아! 함께한 세월보다 남아있는 시간이 얼마 없는 것 같소. 마지막으로 사랑의 세레나데를 보냅니다.

나 그대 사랑해요
언젠가 그날부터
나 그대 사랑해요
언젠가 그날부터
이 세상 아무리 어려워도
나 그대 사랑해요
세상 끝 날까지.

북풍아 일어나라 남풍아 오라
나의 동산에 불어서 향기를 날리라
나의 사랑하는 자가 그 동산에 들어가서
그 아름다운 열매 먹기를 원하노라 (아가 4:16).

[월간 목회 2012년 12월호 게재]